PRINCIPES FONDAMENTAUX DE L'ÉQUILIBRE ET DU MOUVEMENT.

PRINCIPES FONDAMENTAUX DE L'ÉQUILIBRE ET DU MOUVEMENT;

Par L. N. M. CARNOT, de l'Institut national de France, de l'Académie des Sciences, Arts et Belles-Lettres de Dijon, &c.

DE L'IMPRIMERIE DE CRAPELET.

A PARIS,

Chez DETERVILLE, Libraire, rue du Battoir, n° 16, quartier S. André-des-Arcs.

AN XI — 1803.

PRÉFACE.

Depuis la première édition de cet ouvrage en 1783, sous le nom d'*Essai sur les Machines en général*, il en a paru sur toutes les parties de la mécanique, de si beaux et de si étendus, qu'à peine doit-il rester quelques souvenirs du mien. Cependant, comme il contenoit quelques idées nouvelles pour le temps où il a paru, et qu'il est toujours utile d'envisager les vérités fondamentales des sciences sous les divers points de vue dont elles sont susceptibles, une nouvelle édition m'a été demandée, et plusieurs savans m'ont fortement engagé à la donner. Il m'a paru aussi qu'on souhaitoit qu'il y fût ajouté quelques développemens qui en rendissent la lecture plus facile; c'est ce que j'ai fait. Ces développemens ont nécessité un nouvel ordre dans les matières, et rendu l'écrit plus volumineux. Comme de ces changemens il résulte un ouvrage en quelque sorte tout nouveau, au moins pour la forme, j'ai également adopté un autre titre qui me paroît mieux convenir aux généralités dans lesquelles je me suis renfermé.

Quant au fond même, j'ai ajouté peu de chose, excepté pour ce qui a rapport au fameux principe de la moindre action.

Maupertuis avoit, comme on le sait, donné la première idée de ce principe, tant pour le cas où le mouvement change par degrés insensibles, que pour celui des changemens brusques. Mais comme il n'avoit, pour ainsi dire, qu'entrevu assez vaguement ce principe qu'il avoit tiré des causes finales, il ne mit aucune différence entre les deux cas dont nous venons de parler. Il y en a cependant une très-grande, et pour appliquer le principe de la moindre action à chacun d'eux, en donnant à son énoncé la clarté nécessaire et la précision mathématique, il faut en faire deux propositions qui n'ont rien de commun, ou plutôt il en résulte qu'il y a deux principes exacts, mais très-différens l'un de l'autre, auquel le principe vague de Maupertuis a donné lieu, l'un applicable exclusivement au cas où le mouvement change par degrés insensibles, l'autre exclusivement à celui du choc des corps ou des changemens brusques.

Euler, sans renoncer à l'explication métaphysique tirée des causes finales, sépara le premier de ces deux cas du second, fit de ce premier cas une proposition rigoureuse, et l'appliqua en particulier à une trajectoire décrite par un mobile soumis aux lois de l'attraction, ajoutant néanmoins que le principe devoit s'étendre à tout système de corps soumis à de pareilles lois, et agissant d'ailleurs les uns sur les autres d'une manière quelconque, soit immédiatement, soit par des machines. Mais il s'agissoit d'établir ce fait, et ce fut Lagrange qui y parvint par les procédés du nouveau calcul qu'il avoit inventé et qu'il nomma calcul des variations. Il prouva, de la manière la plus élégante, que la proposition d'Euler pour le cas où le mouvement change par degrés insensibles, étoit en effet générale pour un système quelconque de corps soumis aux lois de l'attraction exercée en raison d'une fonction quelconque des distances. Il fit voir de plus, comment de cette proposition on peut, dans chaque cas particulier, déduire l'état de mouvement du système pour chaque instant. Or c'est à cette belle proposition qu'on a proprement attaché le nom de *principe de la moindre action.*

Pour ce qui regarde l'autre cas, c'est-à-dire la proposition de Maupertuis, en tant qu'elle se rapporte au choc des corps ou changemens brusques quelconques, je ne sache pas que personne eût encore essayé de l'exprimer d'une manière précise, ni à plus forte raison de la démontrer, avant la première édition de cet ouvrage. Je crois même qu'on l'avoit toujours regardée, au moins comme douteuse, et peu digne de l'attention des Géomètres, à cause du vague dans lequel l'auteur l'avoit laissée. Mais il est certain qu'on peut faire disparoître ce vague, et qu'il en résulte un très-beau principe, qui seul et indépendamment de tout autre, suffit pour trouver dans tous les cas possibles l'état de repos ou de mouvement d'un systême quelconque de corps, agissant les uns sur les autres par chocs ou changemens brusques, soit immédiatement, soit par l'entremise des machines.

Dans cette nouvelle édition, j'ai développé ce que j'avois dit à ce sujet dans la première, et j'ai fait voir que ce principe a lieu réellement pour les corps doués de divers degrés d'élasticité, aussi bien que pour les corps durs.

Au reste la méthode générale que j'avois suivie dans la première édition de cet ouvrage, différoit principalement de celle qu'on suit pour l'ordinaire, en ce que je rapportois tout à la percussion des corps ou changemens brusques, et que je regardois la simple pression d'où naissent les changemens opérés par degrés insensibles, comme un cas particulier du problême général. En conséquence, ma théorie ne put être fondée précisément sur le principe des vitesses virtuelles, dont l'importance est aujourd'hui si bien connue par l'heureux usage qu'en a fait Lagrange dans sa Mécanique, mais qui n'est point applicable sans modification au choc des corps. Je partis donc d'un principe différent, mais qui est fort analogue, ou plutôt qui n'étoit que ce même principe des vîtesses virtuelles étendu convenablement ; cette généralisation consistoit à substituer aux vîtesses *virtuelles* qui sont infiniment petites, des vîtesses finies que je nommois *géométriques*; j'ai conservé cette base dans l'édition présente. Il en résulte une sorte de théorie nouvelle sur une classe de mouvemens, qui est moins du ressort de la mécanique que de celui de la géométrie. Ces mouvemens géométriques sont ceux que peuvent prendre les différentes parties d'un systême de corps, sans se gêner les unes les autres, et qui par conséquent ne dépendant point de l'action et de la réaction des corps, mais seulement des conditions de leurs liaisons, peuvent être déterminés par la seule géométrie, et indépendamment des règles de la dynamique.

Il y a deux manières d'envisager la mécanique dans ses principes. La première est de la considérer *comme la théorie des forces*, c'est-à-dire des causes qui impriment les mouvemens. La seconde est de la considérer *comme la théorie des mouvemens* eux-mêmes. Dans le premier cas donc, on établit le raisonnement sur les causes quelles qu'elles soient, qui impriment ou tendent à imprimer du mouvement aux corps, auxquels on les suppose appliquées. Dans le second, on regarde le mouvement comme déjà imprimé, acquis et résidant dans les corps ; et l'on cherche seulement quelles sont les lois suivant lesquelles ces mouvemens acquis se propagent, se modifient ou se détruisent dans chaque circonstance. Chacune de ces deux manières d'envisager la mécanique a ses avantages et ses inconvéniens. La première est presque généralement suivie, comme la plus simple ; mais elle a le désavantage d'être fondée sur une notion métaphysique et obscure qui est celle des *forces*. Car quelle idée nette peut présenter à l'esprit en pareille matière le nom de cause? il y a tant d'espèces de causes! Et que peut-on entendre dans le langage précis des mathématiques par une *force*, c'est-à-dire, par une *cause* double ou triple d'une autre? On conçoit parfaitement en calcul, ce que c'est que deux quantités de mouvement qui sont en raison donnée; mais qu'est-ce que le rapport de deux causes différentes? Ces causes sont-elles la volonté ou la constitution physique de l'homme ou de l'animal qui par son action fait naître le mouvement? Mais qu'est-ce qu'une volonté double ou triple d'une autre volonté, ou une constitution physique capable d'un effet double ou triple d'une autre? La notion du rapport des forces entre elles considérées comme causes, n'est donc pas plus claire que celle de ces forces elles-mêmes.

Si l'on prend le parti de ne point distinguer la cause de l'effet, c'est-à-dire, si l'on entend par le mot *force* la quantité de mouvement même qu'elle fait naître dans le mobile auquel elle est appliquée, on devient intelligible, mais alors on revient précisément à la seconde manière d'envisager la question, c'est-à-dire, qu'alors la mécanique n'est plus autre chose que la théorie des lois de la communication des mouvemens. Mais tant qu'on regarde ce mot *cause* comme répondant à une idée première, il faut convenir que le vague dont on vient de parler subsiste, et qu'alors toutes les démonstrations où le mot *force* est employé, portent avec elles un caractère d'obscurité absolument inévitable : et voilà pourquoi dans ce sens, il ne peut y avoir par exemple, suivant moi, aucune démonstration rigoureuse du parallélogramme des forces : la seule existence du mot *force* dans l'énoncé de la proposition rendant cette démonstration impossible par la nature même des choses. C'est « qu'il est tou» jours, dit le grand Euler, extrêmement » difficile de raisonner sur les premiers » principes de nos connoissances, et que

» nous sommes plutôt destinés à nous ser-
» vir de nos facultés qu'à en approfondir
» la nature ».

Cette obscurité disparoît, comme on le vient de dire, dans la seconde manière d'envisager la mécanique, mais il arrive un autre inconvénient; c'est que les principes fondamentaux, que dans le premier cas on établit comme axiomes, à la faveur de l'expression métaphysique dont on se sert, c'est-à-dire, du mot *force*, ne sont, dans ce second cas, rien moins que des propositions évidentes, et que pour les établir, on reconnoît bientôt la nécessité de recourir à l'expérience.

Ainsi, par exemple, dans le premier cas, on ne fait aucune difficulté de prendre pour axiome, qu'une force peut être censée appliquée à un point quelconque de sa direction; mais dans le second, on ne peut pas dire que le mouvement d'un corps existe où ce corps n'existe pas lui-même. Dans le premier cas, une fois qu'on a passé sur l'obscurité de la notion du mot *force*, on conçoit ce que c'est que plusieurs forces appliquées à un même point suivant différentes directions ; dans le second, on ne sauroit concevoir ce que c'est que des quantités de mouvement dirigées en différens sens, et cependant coexistantes dans un même corps ; puisque ce corps ne peut aller par plusieurs chemins à la fois ; on ne peut donc considérer ces différens mouvemens, que dans des corps différens eux-mêmes, qui par leur choc sont forcés d'en changer ; et c'est la loi de ces changemens qu'il faut trouver.

Dans le premier cas, une fois la notion des forces admise, il est facile d'établir les lois de la statique, et de-là, on passe aisément par le principe de Jacques Bernouilli et d'Alembert aux lois du mouvement ; dans le second, au contraire, on est forcé de commencer par la dynamique, et de ne considérer la statique que comme un cas particulier des principes généraux ; celui où tous les mouvemens le détruisent.

La première méthode offre donc beaucoup plus de facilité; aussi est-elle, comme je l'ai observé ci-dessus, presque généralement suivie. Cependant j'ai adopté ici la seconde comme je l'avois déjà fait dans la première édition; parce que j'ai voulu éviter la notion métaphysique des forces, ne pas distinguer la cause de l'effet, en un mot, tout ramener à la seule théorie de la communication des mouvemens.

En suivant cette marche, on reconnoît bientôt, comme je l'ai dit ci-dessus, la nécessité de recourir à l'expérience, et c'est ce que j'ai fait, sans négliger néanmoins de m'appuyer sur les raisonnemens qui peuvent la confirmer de la manière la plus plausible, ou servir à en généraliser les résultats par induction. J'ai même employé quelquefois le nom de force dans l'acception vague dont j'ai parlé ci-dessus; j'ai, par exemple, donné une démonstration du principe des vîtesses virtuelles qui pourroit passer pour exacte, si cette notion des forces étoit une fois accordée; mais tout ce que j'ai établi sur cette notion, je ne l'ai donné que comme un aperçu, une indication propre seulement à diriger les recherches rigoureuses auxquelles il faut toujours revenir. Aussi ai-je ensuite donné, de ce même principe, une démonstration uniquement fondée sur les lois de la communication des mouvemens, démonstration qui est la même que celle que j'avois donnée dans la première édition, mais que j'ai développée avec tout le soin que mérite un principe aussi important.

L'ouvrage est divisé en deux parties : la première est proprement la partie expérimentale, c'est-à-dire, qu'elle renferme, les notions préliminaires, et les faits sur lesquels est fondée la mécanique, développés et étendus par analogie autant qu'il a paru nécessaire pour écarter le vague des principes généraux qui en dérivent.

La seconde commence au point où j'ai considéré la science comme cessant d'être expérimentale pour devenir entièrement rationnelle, c'est-à-dire, où les principes m'ont paru être suffisamment établis par l'expérience, pour n'avoir ensuite plus besoin que du raisonnement. Elle renferme les conséquences qu'on peut tirer rigoureusement des premiers principes une fois reconnus et les formules qui les expriment, et par-là elle rend la science susceptible des applications du calcul analytique.

J'ai terminé cet ouvrage comme dans la première édition, par des réflexions générales sur l'application des forces mouvantes aux machines; tout le monde répète que dans les machines en mouvement, on perd toujours en temps ou en vîtesse ce qu'on gagne en force; et cependant, on rencontre à chaque instant, des personnes qui, quoique instruites de ce principe, ne peuvent se résoudre à renoncer à mille projets absurdes. Ils soupçonnent toujours qu'il y a dans les machines quelque chose de magique. Les preuves qu'on leur donne du contraire ne s'étendent ordinairement qu'aux machines simples; aussi ne croient-ils pas celles-ci capables d'un grand effet; mais il faut faire voir qu'il doit en être de même dans tous les cas imaginables ; on ne parle guère que de celui où il y a seulement deux forces dans le système, et l'on se contente, pour les autres, d'une analogie : voilà pourquoi ces Mécaniciens espèrent toujours que leur sagacité leur fera découvrir quelque ressource inconnue, quelque machine qui ne soit pas comprise dans les règles ordinaires ; ils se croient d'autant plus sûrs de la rencontrer, qu'ils s'éloignent davantage de tout ce qui paroît avoir de la relation avec les machines usitées, parce qu'ils s'imaginent que la théorie établie pour celles-ci, ne peut s'étendre à des constructions qui leur semblent n'y avoir aucun rapport ; c'est en vain qu'on leur dit que toute machine se réduit au levier : cette assertion est trop vague et trop tirée, pour qu'on s'y rende sans un examen profond ; ils ne peuvent se persuader que des machines qui paroissent n'avoir rien de commun avec celles qu'on nomme simples, soient sujettes à la même loi, ni qu'on puisse prononcer sur l'inutilité d'un secret dont ils n'ont fait confidence à personne : de-là vient que les idées les plus bizarres, les plus éloignées de la simplicité si avantageuse aux machines, sont celles qui leur fournissent le plus d'espoir.

Le moyen de détruire cette erreur, est sans doute de montrer que non-seulement dans toutes les machines connues, mais encore dans toutes les machines possibles, c'est une loi inévitable, qu'*on perd toujours en temps ou en vîtesse ce qu'on gagne en force;* et d'expliquer clairement ce que signifie cette loi; mais il faut, pour cela, s'élever à la plus grande généralité possible, ne s'arrêter à aucune machine particulière, ne s'appuyer sur aucune analogie; il faut enfin une démonstration générale, déduite immédiatement et géométriquement des premiers axiomes de la mécanique : c'est ce qu'on a tâché de faire; on a beaucoup insisté sur ce point fondamental, et je ne sais si l'on aura réussi à le mettre dans un assez grand jour. On a tâché de montrer quel est le véritable but des machines : s'il n'est pas raisonnable d'en attendre des prodiges hors de toute vraisemblance, on verra qu'il leur reste encore assez d'objets d'utilité pour exercer la plus brillante imagination.

Les réflexions que je propose sur cette loi, me conduisent à dire un mot du mouvement perpétuel, et je fais voir non-seulement que toute machine abandonnée à elle-même doit s'arrêter, mais j'assigne l'instant même où cela doit arriver.

On trouvera encore parmi ces réflexions une des plus intéressantes propriétés des machines, qui, je crois, n'avoit pas encore été remarquée ; c'est que pour leur faire produire le plus grand effet possible, il faut nécessairement qu'il n'arrive aucune percussion, c'est-à-dire que le mouvement doit toujours changer par degrés insensibles ; ce qui donne lieu, entre autres choses, à quelques remarques sur les machines hydrauliques.

Au reste, il ne faut point s'attendre à

trouver ici un traité de mécanique; mon objet, ainsi que le titre l'annonce, a simplement été d'en exposer les principes les plus généraux aussi exactement qu'il m'a été possible.

PRINCIPES
FONDAMENTAUX
DE L'ÉQUILIBRE
ET
DU MOUVEMENT.

PREMIÈRE PARTIE.

Notions préliminaires. Hypothèses admises comme lois générales de l'équilibre et du mouvement. Conséquences déduites de ces hypothèses.

1. Cette première partie n'est à proprement parler, qu'un exposé des principes qui doivent être démontrés dans la seconde. C'est un coup-d'œil jeté d'abord sur l'ensemble de ces principes, afin d'en étudier l'esprit, de se familiariser avec les termes, d'en fixer la signification, moins par des définitions serrées et presque toujours

obscures pour ceux à qui elles sont nouvelles, que par des développemens relatifs à nos sensations ordinaires, et par des rapprochemens diversifiés, qui font peu à peu disparoître le vague dont sont ordinairement accompagnées des notions trop succinctes.

Ce n'est pas que dans cette première partie elle-même j'aye négligé l'exactitude des expressions : j'y ai mis au contraire, autant de justesse et de précision qu'il m'a été possible ; j'y ai confirmé les résultats de l'expérience par les raisonnemens qui m'ont paru les plus plausibles, et je m'y suis servi de ces mêmes raisonnemens, pour généraliser par induction ces résultats isolés.

2. Les anciens établirent en axiôme que *toutes nos idées viennent des sens :* et cette grande vérité n'est plus aujourd'hui un sujet de contestation.

Il suit de-là, que toute science quelconque tire ses élémens de l'expérience, puisque les premières idées qu'elle puisse combiner sont le résultat de nos sensations, qui ne sont autre chose que les données de l'expérience.

« D'où l'homme tire-t-il, dit Locke, tous ces » matériaux qui sont comme le fond de tous ses » raisonnemens et de toutes ses connoissances? » Je réponds en un mot, de l'expérience. C'est-là » le fondement de toutes nos connoissances ;

» c'est de-là qu'elles tirent leur première ori-» gine ». *Essai sur l'entendement humain.*

Cela est vrai pour toutes les sciences même les plus abstraites, pour les mathématiques pures en particulier ; car ces sciences ne sont autre chose que des séries de raisonnemens établis sur la quantité. Or, quelque abstraitement qu'on puisse considérer la quantité, l'idée qu'on s'en forme est toujours le résultat de l'expérience, puisqu'il n'y a que nos sensations qui puissent nous la donner.

3. Cependant les sciences ne tirent pas toutes un même fonds de l'expérience : les mathématiques pures en tirent moins que toutes les autres; ensuite les sciences physico-mathématiques ; ensuite les sciences physiques, et entre celles-ci, les unes en tirent plus que les autres, suivant qu'il est plus ou moins difficile de lier les faits par l'analogie, de les rapporter à des phénomènes généraux, et de les assujettir à des échelles de comparaison plus ou moins précises.

4. Il seroit sans doute satisfaisant de pouvoir assigner au juste dans chaque science, le point où elle cesse d'être expérimentale pour devenir entièrement rationnelle : c'est-à-dire, de pouvoir réduire au plus petit nombre possible les vérités qu'on est obligé de tirer de l'observation, et qui une fois établies, suffisent pour qu'étant

combinées par le seul raisonnement, elles embrassent toutes les ramifications de la science: mais cela paroît très-difficile. En voulant remonter trop haut par le seul raisonnement, on s'expose à donner des définitions obscures, des démonstrations vagues et peu rigoureuses. Il y a moins d'inconvénient à tirer de l'expérience plus de données qu'il ne seroit peut-être strictement nécessaire : seulement la marche peut paroître moins élégante ; mais elle est plus ferme et plus assurée.

5. Les premiers pas utiles qu'aient faits les philosophes dans la recherche des lois de la nature, ont certainement été de comparer entre eux les phénomènes dont tous les yeux sont frappés, de les expliquer les uns par les autres, de réfléchir sur les pratiques grossières dont les arts se composent à leur naissance pour les perfectionner. « Si l'antiquité de la mécanique, dit » Bossut, datoit de l'usage qu'on a fait nécessai» rement du levier ou de quelques autres ma» chines simples, aussi-tôt qu'on a voulu cons» truire des cabanes, des instrumens propres au » labourage, elle remonteroit presque à l'origine » des sociétés ». *Mécanique*, *Discours préliminaire.*

6. C'est donc dans l'expérience que les hommes ont puisé les premières notions de la méca-

nique. Cependant les lois fondamentales de l'équilibre et du mouvement qui lui servent de base, s'offrent d'une part si naturellement à la raison, et de l'autre, elles se manifestent si clairement par les faits les plus communs, qu'il semble d'abord difficile de dire, si c'est à l'une plutôt qu'aux autres que nous devons la parfaite conviction de ces lois, et si cette conviction parfaite auroit lieu sans le concours de ceux-ci avec la première. Ces faits nous sont trop familiers, pour que nous sachions jusqu'à quel point, sans eux, la raison seule pourroit établir ses définitions ; et d'un autre côté, si la raison ne servoit à lier ces faits par l'analogie, ils nous paroîtroient trop isolés pour que nous pussions les ériger en principes. Or ce sont ces vérités élémentaires, considérées par les uns comme susceptibles d'être démontrées avec le seul raisonnement, par d'autres, comme de simples résultats de l'expérience : ce sont, dis-je, ces vérités fondamentales que j'expose dans cette première partie, en m'appuyant sur l'une et l'autre de ces bases, et sans examiner davantage si, suivant l'expression du programme de l'Académie de Berlin, ces vérités sont nécessaires ou contingentes.

Des idées primitives concernant la matière, l'espace, le temps, le repos, le mouvement, &c.

7. La première règle à établir dans une recherche aussi délicate que celle des lois de la nature, est de n'admettre que des notions aussi claires que peuvent le comporter les bornes de notre esprit. Nous devons donc rejeter les définitions de *matière*, de *temps*, d'*espace*, de *repos*, de *mouvement*, comme des expressions qu'il est impossible de traduire par des expressions plus claires, et les idées que ces expressions font naître en nous comme des idées primitives au-delà desquelles il n'est pas possible de remonter.

Mais ces expressions une fois admises, nous concevrons facilement ce que c'est qu'un corps, une vîtesse, une force motrice, &c.

8. Le corps est une partie déterminée de la matière.

9. L'espace apparent qu'occupe un corps, s'appelle son *volume*; l'espace effectif qu'occupe ce même corps ou sa quantité réelle de matière, se nomme sa *masse*.

Lorsque le corps est tel qu'aux parties égales de son volume répondent toujours des parties égales de sa masse, on dit qu'il est d'une *densité* uniforme, ou qu'il est également *dense* dans toutes ses parties; et le rapport de la masse au volume, ou le quotient de l'une par l'autre, s'appelle *densité* de ce corps.

Mais si à des volumes égaux répondent des masses inégales, on dit que la densité est variable, et pour chaque particule de matière, on appelle *densité* le volume de cette particule divisé par sa masse, ou plutôt, la dernière raison de ces deux quantités.

Les vides ou interstices logés entre les parties de la matière, et qui font que le volume ou l'espace apparent est plus grand que l'espace réel, se nomment *pores*.

10. L'expérience apprend que tous les corps connus sont poreux, mais que leur masse est irréductible. A la vérité, cette irréductibilité n'est point exclusive à la matière; car si l'on enfermoit, par exemple, un pied cube d'eau dans un vase capable de contenir deux pieds cubes, on auroit beau transporter ou agiter ce vase, il resteroit toujours un pied cube d'eau et un pied cube de vide. Le vide n'est donc pas plus réductible à un espace moindre que le plein; mais cette irréductibilité, en tant qu'elle est considérée dans les corps, se nomme *impénétrabilité*.

11. Les corps jouissent encore de plusieurs

autres propriétés que l'on considère en mécanique; telles sont la *solidité*, la *fluidité*, la *roideur*, la *flexibilité*, la *dureté*, l'*élasticité* et la *mollesse*. Les notions que nous pouvons avoir de ces diverses propriétés sont trop dans l'essence primitive des choses, pour qu'on puisse en donner proprement des définitions : nous devons nous borner à des indications suffisantes pour établir entr'elles des distinctions non équivoques.

12. Les corps *solides* sont ceux dont les parties sont adhérentes les unes aux autres, comme la pierre, le bois, &c.

Les *fluides* sont ceux qui se trouvent divisés en parties si fines, qu'elles échappent à tous les sens aidés des meilleurs instrumens. Tels sont l'eau, l'air. Un *fluide* parfait seroit la limite vers laquelle tendent tous ces fluides à mesure que la ténuité des particules est plus complète. On ignore s'il existe un pareil fluide.

13. La *roideur* ou l'*inflexibilité*, est la qualité des corps qu'on ne sauroit plier ou courber, telle qu'on l'attribue ordinairement, par la pensée, aux barres ou autres instrumens dont on se sert pour soulever des fardeaux, les porter ou les pousser.

La *flexibilité* ou *souplesse* est, au contraire, la qualité des corps qui peuvent être pliés sans effort, telle qu'on l'attribue aux fils ou cordons avec lesquels on fait des nœuds, on attache, on tire des masses, soit directement, soit en les faisant passer sur des rouleaux, sur des poulies, &c.

14. La *dureté* ou *incompressibilité*, est la qualité qu'ont certains corps de ne se prêter, quoique poreux comme tous les autres, à aucun changement de volume. Le terme de *dureté* est plus particulièrement employé pour les corps solides; et celui d'*incompressibilité*, pour les fluides: on pense que les plus petites particules de tous les corps sont dures. L'eau est un fluide incompressible.

L'*élasticité* est la qualité qu'ont certains corps compressibles de revenir d'eux-mêmes, lorsque la compression cesse, à leur premier état. Un corps parfaitement élastique seroit celui dans lequel la compression et la restitution s'opéreroient par les mêmes degrés en sens opposés. Ces corps s'appellent *corps élastiques* ou *à ressort*. L'ivoire, l'acier trempé, le verre, sont des corps solides élastiques; l'air, les gaz, sont des fluides élastiques.

Les corps *mous* sont ceux qui, étant comprimés, restent dans l'état où la compression les a mis, tels que le plomb, la terre glaise, &c.

Au reste, la nature n'offre aucun corps parfaitement dur, parfaitement élastique ou parfaitement mou. On les suppose tels par abstraction, et comme limites des objets réels qui frappent nos sens.

15. La *mécanique* est la science qui apprend à connoître, en chaque circonstance, l'état de repos ou de mouvement d'un système de corps proposé ; c'est-à-dire, les rapports qui existent entre les masses de ces corps, les chemins qu'ils tendent à décrire, ceux qu'ils parcourent en effet, et les temps qu'ils emploient à les parcourir. Elle se divise en deux parties, qui sont la statique et la dynamique.

La *statique* considère l'état d'*équilibre*, c'est-à-dire, l'état d'un système de corps qui demeure en repos, malgré la tendance que chacun d'eux a à se mouvoir.

La *dynamique* considère l'état de mouvement que prend un système de corps par l'effet de leurs tendances particulières, et de la gêne qu'ils peuvent éprouver en vertu de leur impénétrabilité.

La *mécanique*, la *statique* et la *dynamique* des fluides, se nomment *hydraulique*, *hydrostatique* et *hydrodynamique*.

16. La masse des corps, l'espace qu'ils parcourent, et le temps qu'ils emploient à le parcourir, se combinent de bien des manières dans la théorie de l'équilibre et du mouvement ; il en

résulte plusieurs fonctions qui reviennent très-fréquemment, et auxquelles, pour abréger, on a donné divers noms particuliers. Les principaux sont ceux de *vitesse*, *quantité de mouvement*, *force ou puissance*, *force accélératrice ou retardatrice*, *force motrice*, *force mouvante*, *force vive*, *moment*, *quantité d'action*. Nous donnerons successivement la notion détaillée de chacune de ces quantités, et l'origine de cette notion. Nous placerons seulement ici, en attendant, la simple définition de chacune d'elles.

17. Un espace parcouru, ou une ligne quelconque divisée par un temps, s'appelle en général une *vitesse* (1).

---

(1) Ces deux quantités, l'espace et le temps, étant hétérogènes, ce n'est pas précisément du quotient de l'une par l'autre qu'il s'agit, mais du quotient des rapports que ces quantités ont à leurs unités respectives, conformément à l'usage admis dans la géométrie, lorsqu'il s'agit de diviser, par exemple, une surface par une ligne, ou de multiplier une ligne par une autre. Cela a lieu également dans toutes les parties des mathématiques, lorsqu'il s'agit de multiplier l'une par l'autre des quantités concrètes, ou de diviser l'une par l'autre des quantités hétérogènes. Ce ne sont pas ces quantités mêmes qu'on exprime par les caractères algébriques; mais les nombres abstraits qui forment les quotiens de ces quantités par leurs unités respectives. Cette remarque une fois faite, doit servir pour tous les cas de même nature, et nous n'y reviendrons plus.

Une masse multipliée par une vîtesse, ou le produit d'une masse par une ligne divisée par un temps, s'appelle *quantité de mouvement*.

Une vîtesse divisée par un temps, s'appelle *force accélératrice* ou *retardatrice*. Ainsi une force accélératrice ou retardatrice est, en général, le quotient d'un espace ou d'une ligne divisée par le carré d'un temps.

Le produit d'une masse par une force accélératrice ou retardatrice, s'appelle en général *force motrice*.

On comprend sous la dénomination simple de *force* ou *puissance*, les quantités de mouvement et les forces motrices.

Le produit d'une masse par le carré d'une vîtesse, ou par le produit de deux vîtesses, ou, ce qui revient au même, par le produit d'une ligne et d'une force motrice, s'appelle *force vive*, *moment de force motrice*, *moment d'activité*.

Le produit d'une masse par une vîtesse et par une ligne, ou par le carré d'une vîtesse, et par un temps, s'appelle *moment de quantité de mouvement*, ou *quantité d'action*.

18. Ainsi, en général, si m représente une masse, e un espace, ou quantité linéaire, t un temps,

Toute quantité de la forme, ou réductible à la forme $\frac{e}{t}$ s'appelle vitesse.

Toute quantité de cette forme $m\frac{e}{t}$ s'appelle quantité de mouvement.

Toute quantité de cette forme $\frac{e}{t^2}$ s'appelle force accélératrice ou retardatrice.

Toute quantité de cette forme $m\frac{e}{t^2}$ s'appelle force motrice.

Toute quantité de cette forme $m\frac{e}{t}$, ou de celle-ci $m\frac{e}{t^2}$, s'appelle simplement force ou puissance.

Toute quantité de cette forme $m\frac{e^2}{t^2}$ se nomme force vive, moment de force motrice, ou moment d'activité.

Enfin toute quantité de cette forme $m\frac{e^2}{t}$ se nomme moment de quantité de mouvement, ou quantité d'action.

Reprenons maintenant chacune de ces notions en particulier.

Des mouvemens uniformes et variés en général; des vitesses et de l'estimation de ces vitesses suivant des directions quelconques.

19. Un corps qui en temps égaux parcourt toujours des espaces égaux, est dit se mouvoir uniformément, et son mouvement s'appelle *mouvement uniforme*. Si au contraire, à des temps égaux répondent des espaces inégaux, le mouvement s'appelle *mouvement varié*.

20. Dans le mouvement uniforme, on appelle *vitesse* (17) le rapport de l'espace parcouru au temps employé à le parcourir, ou le quotient du premier par le second.

21. Puisque dans le mouvement uniforme les espaces parcourus en temps égaux sont toujours égaux, il suit que l'espace parcouru dans un temps quelconque, divisé par ce temps, est toujours le même; c'est-à-dire, que dans le mouvement uniforme la vitesse est constante.

22. Si le mouvement est varié, on prend un intervalle infiniment petit, et l'on appelle, pour chaque instant, *vitesse* du mobile, le rapport de l'espace infiniment petit parcouru dans cet instant à la durée de ce même instant, ou plus exactement, la dernière raison de ces deux quantités.

23. Lorsque la vîtesse augmente toujours en temps égaux de quantités égales, le mouvement est dit *uniformément accéléré*. Si au contraire elle décroît toujours de la même quantité en temps égaux, le mouvement est dit *uniformément retardé*.

24. On distingue les vîtesses en *vîtesses absolues* et *vîtesses relatives*. La vîtesse absolue d'un corps est sa vîtesse réelle et effective ; celle qui sert à mesurer la quantité dont il se rapproche ou s'éloigne des objets qui sont regardés comme fixes dans l'espace. La vîtesse relative de deux corps, au contraire, est celle qui sert à mesurer la quantité dont ces corps se rapprochent ou s'éloignent l'un de l'autre dans un temps donné. Il ne nous est pas possible de juger d'une manière certaine, si la vîtesse apparente de tel ou tel corps est réelle ou non, parce que nous ne savons pas si nous sommes emportés avec lui d'un mouvement commun ou non. C'est ainsi que pendant long-temps on a cru que la terre étoit fixe dans l'espace, parce qu'on jugeoit par les apparences, et l'on a eu beaucoup de peine à revenir de cette erreur.

25. La droite ou la tangente à l'élément de la courbe que décrit à chaque instant un corps en mouvement, se nomme *direction de sa vîtesse*.

On représente également les vîtesses quant à

leurs valeurs, en prenant sur leurs directions des parties proportionnelles à ces mêmes valeurs.

26. La projection d'une vîtesse sur une droite quelconque, se désigne sous le nom de *vîtesse estimée dans le sens de cette droite*, c'est-à-dire, que si $\overline{Aa}$ (fig. 1) représente la vîtesse du corps A, tant pour sa grandeur que pour sa direction, et que $\overline{AB}$ étant une autre droite menée à volonté du point A, si du point *a* on abaisse une perpendiculaire $\overline{aa'}$ sur $\overline{AB}$, la droite $\overline{Aa'}$ exprimera la vîtesse $\overline{Aa}$ estimée dans le sens $\overline{AB}$. Or il est évident que $\overline{Aa'} = \overline{Aa} . \cos. aAB$; c'est-à-dire, qu'une vîtesse estimée dans le sens d'une droite quelconque, n'est autre chose que le produit de cette vîtesse, par le cosinus de l'angle que forme la direction de cette vîtesse, avec la droite proposée. J'appellerai aussi $\overline{Aa}$ la *vîtesse réduite*, et l'angle aAB, l'angle de projection (1).

27. On nomme en général vîtesse *résultante* de plusieurs autres vîtesses partielles ou *compo-*

(1) Dans la suite, je me servirai souvent, par forme d'abréviation, de l'expression $\overline{Aa} \wedge \overline{Aa'}$ pour représenter l'angle compris entre deux directions quelconques $\overline{Aa}$, $\overline{Aa'}$.

santes, une vitesse qui, estimée suivant toute direction quelconque, est égale à la somme de toutes ces vitesses partielles estimées dans le même sens.

Ainsi, par exemple, si $\overline{Aa}$ (fig. 2) étant prise pour représenter la vitesse du mobile A, on mène par ce même point A deux droites $\overline{Ab}$, $\overline{Ac}$, telles qu'en abaissant des points a, b, c, des perpendiculaires $\overline{aa'}$, $\overline{bb'}$, $\overline{cc'}$, sur une nouvelle droite $\overline{AB}$, menée arbitrairement par le point A; on ait toujours $\overline{Aa'} = \overline{Ab'} + \overline{Ac'}$, ou

$$\overline{Aa}.\cos.\overline{Aa}\,\hat{}\,\overline{AB} = \overline{Ab}.\cos.\overline{Ab}\,\hat{}\,\overline{AB} + \overline{Ac}.\cos.\overline{Ac}\,\hat{}\,\overline{AB}.$$

La vitesse $\overline{Aa}$ sera la résultante de $\overline{Ab}$ et $\overline{Ac}$, celles-ci seront les vitesses composantes de la première, et l'on dira que la vitesse $\overline{Aa}$ peut se décomposer en deux autres $\overline{Ab}$, $\overline{Ac}$.

28. Il est facile de voir que quelles que soient des vitesses partielles proposées, en quelque nombre qu'elles soient, et soit qu'on les prenne ou non dans un même plan, il sera toujours possible de satisfaire à la condition proposée; c'est-à-dire, qu'il existera toujours une vitesse, qui estimée suivant quelle direction l'on voudra, sera égale à la somme de toutes les vitesses partielles estimées dans le même sens.

Car soient (fig. 3) $\overline{AB}$, $\overline{AC}$, $\overline{AD}$, $\overline{AE}$ les vîtesses partielles proposées. Menons par le point B une droite $\overline{Bc}$ égale et parallèle à $\overline{AC}$; par le point c, une autre droite $\overline{cd}$ égale et parallèle à $\overline{AD}$; par le point d, une droite $\overline{de}$ égale et parallèle à $\overline{AE}$. Je dis que la droite $\overline{Ae}$ sera la vîtesse résultante de toutes ces vîtesses partielles proposées.

En effet, il est évident que si par le point A on trace une droite quelconque $\overline{MN}$, et si des angles B, c, d, e du polygone, on abaisse des perpendiculaires $\overline{Bb'}$, $\overline{cc'}$, $\overline{dd'}$, $\overline{ee'}$ sur cette droite $\overline{MN}$, pour y déterminer les projections de ces côtés; celle $\overline{Ae'}$ de la droite $\overline{Ae}$, sera égale à la somme de toutes les autres, ou à la somme des projections des vîtesses partielles proposées, qui sont, par hypothèse, représentées par des droites respectivement égales et parallèles à ces côtés. Or ces projections des vîtesses proposées ne sont autre chose (26) que les mêmes vîtesses estimées dans le sens de $\overline{MN}$. Donc la vîtesse $\overline{Ae}$ estimée dans le sens de $\overline{MN}$ prise à volonté, est égale à la somme de toutes les vîtesses partielles proposées, $\overline{AB}$, $\overline{AC}$, $\overline{AD}$, $\overline{AE}$, pareillement estimées chacune dans le sens de $\overline{MN}$. *Ce qu'il falloit prouver.*

La démonstration s'applique également, comme on le voit, au cas où toutes les vîtesses partielles proposées sont dans un même plan, et à celui où elles se trouvent dans des plans différens.

29. Le cas où quelques-uns des points b', c', d', tomberoient de l'autre côté du point A par rapport au point N, ne feroit point exception à la règle. Seulement le segment qui lui correspondroit deviendroit inverse, et son expression deviendroit négative dans l'équation, conformément aux règles de l'analyse. En effet, on auroit toujours :

$$\overline{Ae}.\cos.\overline{Ae}\,\hat{}\,\overline{AN} = \overline{AB}.\cos.\overline{AB}\,\hat{}\,\overline{AN} + \overline{AC}.\cos.\overline{AC}\,\hat{}\,\overline{AN} + \overline{AD}.\cos.\overline{AD}\,\hat{}\,\overline{AN} + \overline{AE}.\cos.\overline{AE}\,\hat{}\,\overline{AN};$$

mais alors les angles correspondans aux points qui tomberoient de l'autre côté du point A devenant obtus, leurs cosinus deviendroient négatifs.

30. Si les vîtesses composantes se réduisent à deux, il est visible (fig. 2) qu'alors la vîtesse résultante sera représentée tant pour sa grandeur que pour sa direction, par la diagonale $\overline{Aa}$ du parallélogramme $Abac$, dont les côtés $\overline{Ab}$, $\overline{Ac}$ représenteroient tant pour leurs grandeurs que pour leurs directions, les forces partielles.

31. Il est clair, de plus, qu'il n'y a qu'une manière de satisfaire à la condition proposée, et

que par conséquent, un système quelconque de vîtesses partielles ne peut donner qu'une seule résultante; mais si c'est la résultante qui est donnée, il y aura une infinité de manières de la décomposer en vîtesses partielles, parce que sur une droite donnée comme $\overline{Ae}$, on peut construire une infinité de polygones différens, tant pour le nombre que pour les grandeurs et pour les directions des côtés.

32. Enfin, il est clair encore qu'au lieu de chercher la résultante des vîtesses partielles par le moyen du polygone AB*cde*, on peut d'abord chercher la résultante $\overline{Ac}$ de deux des vîtesses partielles proposées, comme $\overline{AB}$, $\overline{AC}$; puis la résultante $\overline{Ad}$, de la première trouvée $\overline{Ac}$, et d'une des autres $\overline{AD}$; et enfin la résultante $\overline{Ae}$ de cette dernière $\overline{Ad}$, et de celle qui reste $\overline{AE}$; et cela, dans quelque ordre qu'on prenne ces vîtesses partielles, et en quelque nombre qu'elles soient.

33. Soit t le temps que le mobile emploieroit à parcourir uniformément la droite $\overline{Ae}$, s'il étoit animé par la vîtesse résultante que représente cette même droite $\overline{Ae}$. Puisque les vîtesses partielles sont représentées par $\overline{AB}$, $\overline{AC}$, $\overline{AD}$, $\overline{AE}$; ces droites

seroient respectivement décrites chacune pendant le même temps t, par le mobile qui la parcourroit avec la vîtesse qu'elle représente. Donc puisque les côtés du polygone sont respectivement égaux et parallèles à ces droites, il est clair que si le mobile parcourt successivement tous les côtés de ce polygone en suivant le périmètre ABcde chacun uniformément pendant le temps t, il arrivera, après tous ces mouvemens partiels, au même point e où il arriveroit après le seul temps t, s'il étoit animé pendant ce temps par la seule vîtesse résultante. Ainsi, lorsqu'un mobile est animé d'une vîtesse quelconque, on peut en quelque sorte le regarder comme animé tout à-la-fois de toutes les vîtesses partielles dans lesquelles on peut décomposer cette vîtesse totale.

34. Lorsque toutes les vîtesses partielles sont prises sur la direction même de la résultante, il est évident qu'alors celle-ci se trouve égale à la somme de toutes les autres; et si parmi ces vîtesses partielles, les unes sont prises dans le sens de la résultante, et les autres en sens contraire; celle-ci se trouvera être la différence qu'il y a entre la somme des vîtesses composantes qui sont prises dans le sens de la résultante, moins la somme des vîtesses composantes qui sont prises dans le sens contraire.

De la quantité de mouvement en général, et des quantités de mouvement dites gagnées et perdues.

35. On appelle en général *quantité de mouvement* (17), le produit d'une masse par une vîtesse.

Le produit de la masse d'un corps par sa vîtesse, est appelé quantité de mouvement de ce corps.

36. La quantité de mouvement d'un corps se décompose comme sa vîtesse. Elle n'est autre chose que le produit de celle-ci par la masse du corps. Ainsi la vîtesse d'un mobile étant décomposée en plusieurs vîtesses partielles, le produit de chacune de ces vîtesses partielles ou composantes par la masse du corps, est une quantité de mouvement partielle, et la vîtesse totale ou résultante multipliée par la même masse, est sa quantité de mouvement totale, ou la quantité de mouvement résultante de toutes ces quantités de mouvement partielles.

37. L'idée de la quantité de mouvement est fondée sur une expérience très-simple. C'est que si deux corps parfaitement durs, deux globes, par exemple, ayant mêmes masses, viennent à la rencontre l'un de l'autre avec des vîtesses directement opposées et égales, non-seulement ils s'ar-

rêteront subitement au moment du choc, mais encore, que si on vient à doubler, tripler, quadrupler, &c. la masse de l'un, pendant qu'on doublera, triplera, quadruplera, &c. la vîtesse de l'autre, le mouvement sera encore détruit; et c'est cette destruction générale de tous les mouvemens qu'on nomme équilibre (15).

38. Il résulte donc de cette expérience, qu'en général il y aura équilibre entre ces corps durs, toutes les fois que leurs masses seront en raison réciproque de leurs vîtesses, ou ce qui revient au même, toutes les fois que les produits de chacune des masses par sa vîtesse seront égaux.

Or on conçoit qu'on doit avoir souvent de pareils effets à considérer en mécanique, et que par conséquent le produit de la masse d'un corps par sa vîtesse, est une espèce de quantité dont l'usage doit être fréquent : c'est pourquoi on lui a donné un nom particulier, celui de *quantité de mouvement*.

39. Ce que nous venons d'appeler *quantité de mouvement*, s'appelle aussi *force de percussion*. Cette dernière dénomination lui est donnée, parce que c'est d'elle en effet que vient l'intensité du choc ou de la percussion. Ainsi l'expression de quantité de mouvement se rapporte proprement aux corps qui se meuvent actuellement, et celle de force de percussion aux corps

considérés dans le moment de leur choc. Elle est quantité de mouvement, en tant qu'elle réside dans le corps, qu'elle y a une existence réelle avant le choc; et force de percussion, en tant qu'elle est anéantie par ce même choc.

40. Les quantités de mouvement, ainsi que les vîtesses, se représentent par des portions de droites prises sur leurs directions et proportionnelles à leurs valeurs, et on les estime suivant telle ou telle direction, par le moyen de leurs projections sur ces droites. Ainsi, une quantité de mouvement estimée dans un sens quelconque, est égale à la somme des quantités de mouvement dans lesquelles on peut la décomposer, toutes estimées dans le même sens que cette résultante (27).

41. Si un corps M tendant à se mouvoir avec une vîtesse représentée par $\overline{MW}$ (fig. 4) est forcé tout-à-coup de prendre une autre vîtesse représentée par $\overline{MV}$, et qu'on forme sur la droite $\overline{MW}$ le parallélogramme MVWU, on pourra décomposer la vîtesse première $\overline{MW}$ en deux autres, $\overline{MV}$, $\overline{MU}$, dont l'une $\overline{MV}$ sera la vîtesse restante. Dans ce cas, l'autre vîtesse $\overline{MU}$ se nomme *vîtesse perdue* par le corps M.

Si l'on prolonge $\overline{UM}$ au-delà du point M jusqu'en U', et qu'on fasse $\overline{M'U'} = \overline{MU}$; MWVU' sera évidemment un nouveau parallélogramme ; d'où il suit que la vîtesse $\overline{MV}$ qui doit rester à M, peut à son tour être décomposée en deux autres, $\overline{MW}$, $\overline{MU'}$, dont l'une $\overline{MW}$ étoit la vîtesse première, et dont l'autre $\overline{MU'}$ est égale et directement opposée à la vîtesse perdue $\overline{MU}$; c'est pourquoi on nomme celle-ci $\overline{MU'}$ la *vîtesse gagnée* par M.

42. Si l'on prolonge de plus $\overline{WM}$ et $\overline{VM}$ au-delà du point M jusqu'en W' et V', et qu'on fasse $\overline{MW'} = \overline{MW}$, $\overline{MV'} = \overline{MV}$, il est clair que MUV'W' et MV'W'U' seront deux nouveaux parallélogrammes. D'où il suit que la vîtesse perdue $\overline{MU}$ se décompose dans les deux autres $\overline{MW}$, $\overline{MV'}$, et que la vîtesse gagnée $\overline{MU'}$ se décompose dans les deux autres $\overline{MV}$, $\overline{MW'}$.

43. De tout cela, nous pouvons donc conclure ce qui suit :

1°. La vîtesse première peut toujours se décomposer en deux autres, dont l'une est la vîtesse restante, et l'autre la vîtesse perdue.

2°. La vîtesse restante peut toujours se décomposer en deux autres, dont l'une est la vîtesse première, et l'autre la vîtesse gagnée.

3°. La vîtesse perdue est la résultante de la vîtesse première, et d'une vîtesse égale et directement opposée à la vîtesse restante.

4°. La vîtesse gagnée est la résultante de la vîtesse restante, et d'une vîtesse égale et contraire à la vîtesse première.

Tout ce que nous venons de dire des vîtesses $\overline{MW}$, $\overline{MV}$, $\overline{MU}$, $\overline{MW'}$, $\overline{MV'}$, $\overline{MU'}$, et de leur décomposition, doit (40) s'entendre pareillement des quantités de mouvement $M.\overline{MW}$, $M.\overline{MV}$, $M.\overline{MU}$, $M.\overline{MW'}$, $M.\overline{MV'}$, $M.\overline{MU'}$.

Or nous avons (26) ces diverses équations :

$$\overline{MW} = \overline{MV}.\cos.\overline{MW}{}^\wedge\overline{MV} + \overline{MU}.\cos.\overline{MW}{}^\wedge\overline{MU}$$
$$\overline{MV} = \overline{MW}.\cos.\overline{MW}{}^\wedge\overline{MV} + \overline{MU'}.\cos.\overline{MV}{}^\wedge\overline{MU'}$$
$$\overline{MU} = \overline{MW}.\cos.\overline{MW}{}^\wedge\overline{MU} + \overline{MV'}.\cos.\overline{MV}{}^\wedge\overline{MU}$$
$$\overline{MU'} = \overline{MV}.\cos.\overline{MV}{}^\wedge\overline{MU'} + \overline{MW'}.\cos.\overline{MW'}{}^\wedge\overline{MU'}$$
$$\overline{MV} = \overline{MW}.\cos.\overline{MW}{}^\wedge\overline{MV} - \overline{MU}.\cos.\overline{MV}{}^\wedge\overline{MU}$$
$$\overline{MU} = \overline{MW}.\cos.\overline{MW}{}^\wedge\overline{MU} - \overline{MV}.\cos.\overline{MV}{}^\wedge\overline{MU}$$

Et par conséquent on a de pareilles équations pour les quantités de mouvement, en multipliant tout par M.

Des forces accélératrices ou retardatrices, et des forces motrices.

44. Une *force accélératrice* ou *retardatrice*, est en général (17) le quotient d'une vîtesse et d'un temps.

Lorsque la vîtesse d'un mobile va en croissant continuellement, le mouvement est dit *accéléré*, et lorsqu'elle va en diminuant continuellement, le mouvement est dit *retardé*.

45. Lorsque dans le mouvement accéléré, le corps gagne toujours en temps égaux des degrés de vîtesse égaux, le mouvement est dit uniformément accéléré : on le dit au contraire uniformément retardé, lorsque le mobile perd toujours en temps égaux des degrés égaux de vîtesse.

Dans le mouvement uniformément accéléré, on appelle force accélératrice du mobile, la vîtesse qu'il gagne dans un intervalle de temps donné divisée par ce temps. Puis donc qu'en temps égaux il gagne toujours des degrés égaux de vîtesse, il suit que dans le mouvement uniformément accéléré, la force accélératrice est constante; c'est-à-dire, la même pour tous les instans du mouvement.

Dans le mouvement uniformément retardé, c'est la force retardatrice qui est constante.

46. Si le mouvement varie suivant une loi quelconque, on prend un intervalle de temps infiniment petit, et l'on appelle pour chaque instant, force accélératrice ou retardatrice du mobile, le rapport de l'accroissement ou du décroissement infiniment petit qui a lieu dans la vîtesse, pendant cet intervalle de temps à sa durée; c'est-à-dire, le quotient de la différentielle de la vîtesse par la différentielle du temps, ou plus exactement la limite de ce quotient.

47. On rend tout cela fort sensible, en décrivant une courbe dont les abscisses représentent les temps écoulés, et les ordonnées les vîtesses; car alors il est évident, par les définitions précédentes, que l'aire de la courbe représentera les espaces parcourus, et que le rapport de l'ordonnée à la soutangente représentera la force accélératrice ou retardatrice, suivant que les abscisses iront en augmentant ou en diminuant.

48. On appelle *force motrice, force de pression* ou *force morte* d'un corps, le produit de sa masse par sa force accélératrice ou retardatrice.

Nous aurons une idée claire et juste de ces sortes de forces, en considérant la pesanteur ou gravité; c'est-à-dire, cette tendance de tous les corps qui sont à la surface de la terre vers son centre. Rien de plus familier que les effets de cette force : on prend une pierre dans sa main, et l'on éprouve ce qu'on nomme une *pression*; on suspend ce corps à un fil, et l'on tient l'autre extrémité de ce fil; ce fil tire la main ou exerce sur elle une *traction*; le fil est lui-même dans un état de *tension* : si ce fil vient à se casser, la pierre tombe d'un mouvement que l'expérience apprend être un mouvement uniformément accéléré. C'est la vîtesse qu'il acquiert ainsi pendant un temps donné, divisée par ce temps, qu'on nomme *la gravité* ou *la pesantenr* : cette gravité ou pesanteur, est la force accélératrice; c'est le produit de cette même gravité par la masse du corps qu'on nomme son *poids*; et ce poids est la *force motrice* ou la *force de pression* du corps. Ces deux expressions sont synonymes; mais celle de force motrice se rapporte plus particulièrement à l'état de mouvement du corps, et celle de force de pression, à son état de repos ou plutôt d'équilibre.

49. Une fois qu'on a l'idée nette de la pesanteur, on peut facilement concevoir une force accélératrice double, triple, quadruple, &c., ou sous-double, sous-triple, &c. La gravité en fournit elle-même un exemple; car l'expérience prouve que quoiqu'elle soit à-peu-près de même intensité aux différens points de la surface du globe, elle diminue lorsqu'on s'éloigne sensiblement de son centre. On a reconnu que cette ten-

dance étend sa sphère d'activité jusqu'à la lune, que c'est ce qui la retient dans son orbite, mais que son intensité y est fort affoiblie : puis en généralisant cette découverte, et s'appuyant toujours des phénomènes, on a reconnu que cette même tendance atteignoit jusqu'aux astres les plus éloignés, et qu'elle étoit réciproque entre eux tous. C'est cette tendance générale de tous les corps de l'univers les uns sur les autres, qu'on nomme attraction, et c'est la recherche des lois qu'elle observe et des effets qu'elle produit, qui a fait le sujet principal des immortels travaux de Newton, et de ceux qui ont marché sur ses traces.

Or ce sont toutes ces forces, comparées à ce que nous avons appelé poids, qu'on nomme en général *forces motrices*, et toute force motrice est le produit d'une masse par une force accélératrice ou retardatrice qui peut être comparée à la pesanteur ou gravité. Et comme cette force accélératrice n'est autre chose elle-même (48) que le rapport de l'accroissement de la vîtesse pendant un temps infiniment court à cet élément du temps, il suit qu'une force motrice quelconque est le produit d'une masse par une vîtesse divisée par un intervalle de temps, comme on l'a dit ci-dessus (17).

50. La pesanteur et toutes les forces de ce genre opèrent par degrés insensibles, et ne pro-

duisent aucun changement brusque. Cependant il paroît assez naturel de les considérer comme imprimant à des intervalles infiniment petits, des coups infiniment petits eux-mêmes aux mobiles qu'elles animent. Dès-lors le produit de chaque force motrice, multipliée par l'élément du temps pendant lequel elle agit sur le corps considéré, pourra être regardé comme une quantité de mouvement infiniment petite, imprimée tout d'un coup à ce même corps, et l'expérience confirme la justesse de cette hypothèse.

Par exemple, si g est pris pour exprimer la pesanteur, M la masse d'un corps, et dt l'élément du temps; $Mgdt$ exprimera la quantité de mouvement infiniment petite qui pourra être censée imprimée à M, au premier instant du temps représenté par dt; et les calculs faits d'après cette supposition se trouvent toujours d'accord avec les résultats de l'expérience.

51. Les forces accélératrices, retardatrices et motrices, se représentent, ainsi que les vitesses et quantités de mouvement, par des portions de lignes droites prises sur leurs directions et proportionnelles à ces forces, et on les soumet aux mêmes décompositions. Ainsi toute force motrice ou de pression, par exemple, peut se décomposer en deux autres, représentées tant pour leurs grandeurs que pour leurs directions par les

côtés d'un parallélogramme dont la diagonale adjacente exprimeroit cette force motrice.

Une force motrice, estimée dans un sens quelconque ou suivant une direction quelconque, est comme pour les vîtesses (26), le produit de cette force motrice par le cosinus de l'angle formé par cette direction avec celle de cette force motrice; c'est-à-dire, que la *force réduite* est le produit de la force même proposée par le cosinus de l'*angle de projection.*

52. Si cet angle est aigu, la force est dite *sollicitante* à l'égard de la droite proposée; parce qu'il est clair en effet qu'elle tend à mouvoir dans le sens de cette droite; mais si l'angle est obtus, la force est dite *résistante,* parce qu'elle tend en effet à mouvoir dans le sens opposé à celui de la force sollicitante. Il est clair qu'un angle nul est censé aigu, et qu'un angle égal à la demi-circonférence est censé obtus.

Par exemple, si un homme fait monter un poids par le moyen d'un levier, d'une poulie, d'une vis, &c. Il est clair que la pesanteur et la vîtesse du poids ou le chemin qu'il décrit, forment nécessairement entr'elles un angle obtus; autrement il est visible que le poids descendroit au lieu de monter; mais la puissance motrice et sa vîtesse forment un angle aigu : ainsi, suivant notre définition, le poids sera la force résistante, et la force de l'homme sera *sollicitante.*

Des forces mouvantes et des forces vives.

53. On appelle *forces mouvantes*, des forces motrices ou comparables à des poids; en tant qu'elles sont appliquées à des machines pour vaincre des résistances ou produire des mouvemens quelconques; et comme on emploie souvent pour cet objet des hommes, des animaux, des courans d'eau, le vent, les ressorts, l'eau réduite en vapeurs par le feu, &c. c'est à ces agens, ou plutôt aux effets qu'ils produisent immédiatement sur les corps auxquels ils sont appliqués, qu'on donne le nom de forces mouvantes. L'agent s'appelle *le moteur*, et c'est la pression qu'il exerce, ou le mouvement qu'il imprime, qu'on nomme la *force mouvante.*

54. La mécanique ne remonte pas jusqu'aux causes premières qui produisent le mouvement; elle n'examine pas comment la volonté de l'homme ou de l'animal fait sortir ses membres du repos, ou les y ramène spontanément : elle ne voit que le fait qui en résulte, ne considère que le mouvement déjà produit, et son objet est uniquement de rechercher comment ce mouvement une fois imprimé, se conserve, se propage ou se modifie,

abstraction faite de toute nouvelle influence étrangère ; c'est-à-dire, qu'elle n'établit point ses calculs sur la force facultative du moteur, mais seulement sur la force effective qu'il déploie, et que nous venons d'appeler force mouvante.

55. On appelle *force vive* d'un corps le produit de sa masse par le carré de sa vîtesse ; et voici ce qui a pu donner lieu à la considération de cette nouvelle espèce de quantité.

L'expérience prouve, comme on vient de l'observer, que les hommes, les animaux et autres agens de cette nature, peuvent exercer des forces comparables à celles des poids, soit en effet par leurs propres poids, soit par les efforts spontanés dont ils sont capables. Or il se présente deux manières aussi naturelles l'une que l'autre, d'évaluer l'action qu'ils exercent effectivement. L'une consiste à voir quel fardeau un homme, par exemple, peut porter, ou quel effort évalué en poids il peut soutenir, tout demeurant en repos. Alors la force de cet homme est une force de pression équivalente à tel ou tel poids, et qu'on appelle quelquefois force morte (47).

56. La seconde méthode d'évaluer la force d'un homme, d'un cheval, &c. est d'examiner l'ouvrage qu'il est en état de faire dans un temps donné ; dans un jour, par exemple, par un tra-

vail suivi. Sous ce point de vue, pour arriver, comme dans le premier cas, à une évaluation précise, nous pouvons encore comparer le résultat de son travail à l'effet de la pesanteur ; car il est naturel d'évaluer ce travail et par le poids qu'il peut élever dans un temps donné, et par la hauteur à laquelle il élève ce poids. C'est ainsi qu'on l'entend, lorsqu'on dit qu'un cheval équivaut, pour la force, à sept hommes ; on ne veut pas dire, que si sept hommes tiroient d'un côté et le cheval de l'autre, il y auroit équilibre ; mais que dans un travail suivi, le cheval à lui seul élèvera, par exemple, autant d'eau du fond d'un puits à une hauteur donnée, que les sept hommes ensemble pendant le même temps. Quand on emploie des ouvriers, l'intérêt est de savoir ce qu'ils peuvent faire de travail dans un genre analogue à celui dont on vient de parler, bien plus que de savoir les fardeaux qu'ils pourroient porter sans bouger de place. Cette nouvelle manière d'envisager les forces, est donc au moins aussi naturelle et aussi importante que la première. Et comme il est sensible qu'élever un poids de cent kilogrammes à mille mètres de hauteur est la même chose dans cette manière d'évaluer les forces, qu'élever deux cents kilogrammes à cinq cents mètres seulement : il suit que les forces, sous ce nouveau point de vue, doivent être considérées comme en raison directe des poids à élever, et des hauteurs auxquelles il faut les porter, ou autres travaux comparables à celui-là. Or c'est sur cela qu'est fondée la notion des forces vives.

57. En effet, soit M une masse, P son poids, g la gravité, dt l'élément du temps, et H la hauteur à laquelle P a été élevé. Suivant cette nouvelle manière d'envisager les forces, celle qui a dû être employée pour élever P à la hauteur H, sera PH ; mais (17) H étant un espace parcouru, peut être exprimé par le produit d'une vîtesse V et d'un temps T ; d'un autre côté, on a (48) $P = gM = \frac{gdt.M}{dt}$, et gdt est une vîtesse V′ (17).

Donc $PH = MVV'\frac{T}{dt}$; donc dt et T étant deux quantités homogènes, PH sera le produit d'une masse par le produit de deux vîtesses, ou par le carré de la vîtesse moyenne proportionnelle entre V et V′ ; donc la force PH se résout en un produit d'une masse par le carré d'une vîtesse, comme Mu^2, en nommant u la moyenne proportionnelle entre V et V′. Telle est l'origine naturelle de la notion des forces vives. Il y eut autrefois de grandes discussions sur la question de savoir si les forces des corps en mouvement doivent être évaluées par le produit de la masse par la vîtesse, ou par le produit de la masse par le carré de la vîtesse. Cela se réduit, comme on le voit, à une dispute de mots. Pourvu qu'on raisonne conséquemment aux définitions qu'on aura une fois adoptées, les conclusions seront toujours les mêmes, puisqu'on part toujours des mêmes bases.

58. Sous le nom simple de *forces* ou *puissances*, ou de *forces proprement dites*, on comprend les quantités de mouvement et les forces motrices; ou si l'on veut, les forces de percussion et celles de pression, parce qu'elles sont soumises aux mêmes décompositions et aux mêmes lois. Mais lorsqu'on veut désigner une force vive, on ajoute toujours l'épithète qui la caractérise, c'est-à-dire le mot *vive*.

59. Nous venons de voir que la force vive peut se présenter ou sous la forme Mu^2 d'une masse par le carré d'une vîtesse, ou sous la forme PH d'une force motrice par une ligne. Dans le premier cas, c'est la force vive proprement dite; dans le second, on pourroit lui donner la dénomination particulière de *force vive latente*.

Des momens en général, du moment d'activité, et de la quantité d'action.

60. On appelle en général *moment de force*, soit de pression, soit de percussion, le produit de cette force par une ligne (17); ainsi la quantité PH que nous avons trouvée (57), est le moment d'une force motrice P; M*uh*, en supposant que M soit une masse, *u* une vîtesse, et *h* une ligne, est le moment de la force ou quantité de mouvement M*u*.

On voit par-là que le moment d'une force motrice peut toujours se résoudre en une force vive, et que le moment d'une quantité de mouvement peut toujours se résoudre en une force vive multipliée par un temps; car *h* étant une ligne, est le produit d'une vîtesse par un temps. Cette espèce de produit se nomme aussi *quantité d'action* de la masse proposée. Ainsi M*uh* est la quantité d'action de la masse M.

61. Il y a différentes espèces de momens, suivant la nature de la ligne qui sert de facteur. Ainsi, par exemple, PH qui est le produit d'une force motrice verticale P par une ligne H, prise aussi dans le sens vertical, se nommera moment d'activité consommé par la force P; et en général, j'appellerai *moment d'activité consommé* par une force motrice, le produit de cette force

par le chemin que décrit le point où elle est appliquée, estimé dans le sens de cette force; c'est-à-dire, le produit de cette force par le chemin que décrit le point où elle est appliquée, et par le cosinus de l'angle de projection, ou angle compris entre la direction de cette même force, et la direction de cette même vitesse.

J'appellerai au contraire, *moment d'activité absorbé* par cette force motrice, le produit de cette force par la vîtesse du point où elle est appliquée, estimée dans le sens opposé à cette force, ou multipliée par le cosinus du supplément de l'angle de projection.

Ainsi, puisque deux angles supplémens l'un de l'autre ont le même cosinus avec des signes contraires, il suit que le moment d'activité *consommé*, et le moment d'activité *absorbé* par une même force motrice, ne sont qu'une même quantité prise dans deux sens diamétralement opposés; de même que le sont l'une par rapport à l'autre, la force gagnée et la force perdue (41).

62. Nous n'avons considéré ci-dessus qu'une force P qui est constante, à cause de l'uniformité de la pesanteur: mais si la force motrice étoit variable, le *moment d'activité consommé* pendant un temps infiniment court, seroit le produit de la force à cet instant, par l'espace infiniment petit qu'il parcourroit pendant ce temps infiniment

court, estimé dans le sens de cette force : et le moment d'activité consommé par cette même force dans un temps donné, seroit la somme des momens d'activité consommés à chaque instant par cette force pendant le temps donné.

Enfin, s'il s'agissoit d'un systême de forces, le moment d'activité consommé par tout le systême dans un temps donné, seroit la somme des momens d'activité consommés pendant ce temps, par chacune des forces de ce même systême. Il en est de même des momens d'activité absorbés.

63. Si l'on conçoit un systême de forces quelconques, de poids, par exemple, et qu'on lui fasse prendre un mouvement arbitraire, la somme des produits de chacune de ces forces par le petit chemin qu'elle parcourra dans un temps infiniment court, en vertu de ce mouvement imprimé, estimé dans le sens de cette force, sera le *moment d'activité consommé* par tout le systême pendant ce temps infiniment court, *à l'égard de ce mouvement imprimé*. Supposant donc que m exprime chacune des masses qui composent un systême, p sa force accélératrice, et par conséquent pm sa force motrice ; u la vîtesse qui lui est imprimée, k l'angle compris entre les directions de u et de p, et enfin dt l'élément du temps : $mp.udt.\cos.k$ sera le *moment d'activité consommé* pendant dt par le corps m, ou par la

force mp, à l'égard de la vîtesse u. L'intégrale $S mp . udt . \cos. k$, où l'on suppose que S se rapporte à la figure du système, sera le *moment d'activité consommé* pendant le même temps par tout le système, et enfin l'intégrale $S \int mp . udt . \cos. k$, où l'on suppose que $\int$ se rapporte à la durée du mouvement, sera le moment d'activité consommé pendant la durée entière du mouvement par le système total.

64. Il est clair, d'après ce qui a été dit (59), que $S \int mp . udt . \cos. k$ est une force vive *latente*, qui par conséquent peut se résoudre en une quantité de cette forme MV^2, M étant une masse et V une vîtesse. D'où il est aisé de sentir, que la notion que nous venons de donner des momens d'activité, doit se rencontrer fréquemment dans la théorie de l'équilibre et du mouvement ; soit sous la forme des forces vives proprement dites, soit sous celle des forces vives latentes.

J'admettrai, par rapport aux quantités d'action, une distinction analogue à celle que j'ai établie ci-dessus pour les momens d'activité des forces motrices. J'appellerai donc *quantité d'action dépensée* par une force motrice à chaque instant, le moment d'activité *consommé* par cette force depuis le commencement du mouvement multiplié par l'élément du temps, et par la *quantité d'action acquise* par cette même force, le moment d'activité *absorbé* par cette force, depuis le commencement du mouvement multiplié par l'élément du temps.

La somme des quantités d'action dépensées ou acquises par toutes les forces du système à cet instant, sera appelée quantité d'action dépensée ou acquise par tout le système au même instant.

Et enfin la somme des quantités d'action dépensées ou acquises à chaque instant par tout le système, pendant un temps donné, sera appelée quantité d'action dépensée ou acquise par tout le système pendant ce temps donné.

65. Nous avons observé ci-dessus, que le moment d'une force motrice ou force morte, se résout en une force vive; tandis que celui d'une quantité de mouvement est ce qu'on nomme quantité d'action. Mais si au lieu de multiplier cette quantité de mouvement par une ligne, pour avoir cette quantité d'action, on la multiplioit seulement par une vîtesse, on auroit une force vive; c'est-à-dire, une quantité du même genre qu'un moment de force motrice. Or, comme on a souvent à comparer ces deux quantités de même genre, je donnerai un nom particulier à ce produit de la quantité de mouvement d'un mobile par une vîtesse; je le nommerai simplement *moment d'activité* du mobile, pour le distinguer de ce que nous avons nommé ci-dessus

moment d'activité consommé ou absorbé par la force motrice; mais ces deux quantités sont de même nature, et l'une et l'autre peuvent se réduire en forces vives. J'appelle donc moment d'activité du mobile à chaque instant, le produit de sa quantité de mouvement actuelle, par la vîtesse qu'il doit avoir l'instant d'après, estimée dans le sens de sa vîtesse actuelle.

66. Si donc le mouvement est uniforme, le moment d'activité du mobile ne diffère pas de la force vive.

Si le mouvement change, soit en vertu d'un choc, soit par degrés insensibles, le moment d'activité du mobile est égal à la quantité de mouvement actuelle, multipliée par la vîtesse qui doit rester au mobile l'instant d'après, estimée dans le sens de la première; et c'est ce que j'appellerai *moment d'activité absolu du mobile.*

Si le système étant dans un état quelconque de mouvement, on vient tout-à-coup à le changer d'une manière quelconque, le moment d'activité du mobile sera le produit de la quantité de mouvement actuelle, par la nouvelle vîtesse que prendra le mobile en vertu du changement opéré, et c'est ce que j'appellerai *moment d'activité du mobile à l'égard de son nouveau mouvement.*

67. On appellera moment d'activité d'un système de corps à chaque instant, la somme des

momens d'activité de chacun des corps qui le composent.

Ainsi, lorsqu'on vient à changer tout-à-coup le mouvement d'un système quelconque, le moment d'activité du système à l'égard du nouveau mouvement, est la somme des produits de chacune des masses par sa vîtesse actuelle, et par sa vîtesse nouvelle estimée dans le sens de la première.

Cette notion des *momens d'activité* consommés, absorbés, et proprement dits, est très-importante pour ce que nous aurons à dire dans la seconde partie de cet ouvrage.

Nous appellerons *moment de percussion* de chacun des corps du système, à l'égard d'un mouvement quelconque géométrique, la quantité de mouvement perdue par ce corps en vertu de la percussion, multipliée par la vîtesse géométrique de ce même corps. Nous appellerons *moment de percussion absolu* celui de ces momens qui a lieu à l'égard du mouvement réel que prend le système après le choc.

Il est clair que ces *momens de percussion* sont, ainsi que les momens d'activité, de même nature que ce qu'on appelle force vive, c'est-à-dire, qu'on peut toujours réduire chacun d'eux au produit d'une masse par le carré d'une vîtesse.

68. Tout le monde connoît l'expérience du levier, tout le monde sait qu'avec une très-pe-

tite force appliquée à un grand bras de levier, on peut soutenir un poids très-considérable appliqué à l'autre bras, lorsque cet autre bras est proportionnellement plus petit. C'est ce qui a donné l'idée d'une autre espèce de moment dont on fait grand usage en mécanique. On appelle donc moment d'une force à l'égard d'un point fixe, le produit de cette force par la distance de sa direction à ce point fixe. Ainsi, par exemple, si aux extrémités d'un levier droit, on applique des poids inégaux, et qu'on place le point d'appui entre ces deux poids, de manière que le point d'application divise la longueur du levier en raison réciproque de ces poids, les momens de ces mêmes poids à l'égard de ce point fixe, seront égaux. Or l'expérience prouve qu'alors il y aura équilibre entre les deux poids.

Lorsque l'on considère les momens de plusieurs forces par rapport à un même point, ce point se nomme *centre* des momens.

69. On rapporte aussi les momens des forces à des droites prises à volonté dans l'espace, et qu'on nomme axes des momens. Le moment d'une force à l'égard d'un axe, est le produit de cette force estimée suivant le plan perpendiculaire à cet axe, c'est-à-dire la projection de cette force sur ce même plan; de cette projection, dis-je,

multipliée par la distance de sa direction, au point où l'axe traverse le plan.

70. Enfin, si une force est appliquée à un point ou mobile quelconque, le produit de cette force par la distance de ce point d'application au même plan, est appelé moment de cette force à l'égard de ce plan.

71. Quant à ce que nous avons désigné ci-dessus sous le nom de *quantité d'action*, elle donne lieu à un très-beau principe applicable principalement au cas où les forces motrices qui animent les diverses parties du systême sont des forces d'attraction ou de répulsion. Ce principe, qui appartient proprement à Lagrange, se trouvera dans la seconde partie de cet ouvrage.

Des hypothèses qui peuvent être admises comme lois générales de l'équilibre et du mouvement.

72. En citant, comme nous l'avons fait jusqu'ici, quelques expériences ou faits généralement connus, nous n'avons eu d'autre objet, que de montrer ce qui a pu faire naître successivement les diverses notions que nous avions à développer. Maintenant il s'agit d'établir sur ces faits, et sur les autres observations qui peuvent encore

s'offrir, des hypothèses qui se trouvent constamment d'accord avec ces observations, et que dès-lors on puisse regarder comme des lois générales de la nature. Je vais d'abord exposer ici ces hypothèses telles qu'on a cru pouvoir les induire des phénomènes les mieux constatés : je développerai ensuite les expériences et les raisonnemens qui les appuient. On pourra remarquer que ces hypothèses rentrent en partie les unes dans les autres : mon objet n'a pas été de les réduire au plus petit nombre possible; il me suffit qu'elles ne soient point contradictoires et qu'elles soient clairement entendues : car, ainsi que je l'ai déjà observé, les répétitions peuvent nuire à l'élégance; mais elles sont peut-être plus propres à confirmer les principes, en faisant voir comment ils ne sont, pour ainsi dire, que les mêmes vérités qui reparoissent toujours sous des formes différentes.

73. Je répéterai d'abord, qu'il ne s'agit point ici des causes premières qui font naître le mouvement dans les corps, mais seulement du mouvement déjà produit et inhérent à chacun d'eux. C'est cette quantité de mouvement déjà produite dans un corps, qu'on nomme sa force ou sa puissance. Ainsi les forces, telles qu'on les considère en mécanique, ne sont point des êtres métaphysiques et abstraits : chacune d'elle réside dans

une masse déterminée; elle est le produit de cette masse par la vîtesse que le corps prendroit, s'il n'étoit gêné par ceux des autres corps dont le mouvement est incompatible avec le sien. Cette incompatibilité fait perdre aux uns une portion de la quantité de mouvement qu'ils avoient; elle en fait gagner aux autres, elle en fait naître dans ceux qui n'en avoient pas; chacun d'eux prend une sorte de vîtesse combinée entre celle qu'il pouvoit avoir déjà, et celles qui lui sont nouvellement imprimées de toutes parts. Or c'est cette vîtesse combinée qu'il faut déterminer pour chaque instant et pour chaque point du système, lorsqu'on connoît la figure des diverses parties qui le composent, leurs masses et les vîtesses qu'elles sont censées avoir reçues préalablement, soit par des chocs antérieurs, soit par des agens extérieurs, de quelque nature qu'ils soient. Ainsi, en un mot, ce ne sont pas précisément les lois du mouvement en général que nous recherchons, mais les lois de la communication des mouvemens entre les différentes parties matérielles d'un même système. Pour cela, nous établissons d'abord certaines hypothèses, d'après lesquelles nous supposons que s'opère en effet cette communication des mouvemens; nous comparons ensuite les conséquences qui en résultent, avec les phénomènes, et si nous trouvons qu'ils s'accordent, nous concluons que nous pouvons considérer ces hypothèses comme les véritables lois de la nature.

1ère *Hypothèse*. Un corps une fois mis en repos, ne sauroit en sortir de lui-même, et une fois mis en mouvement, il ne sauroit de lui-même changer ni sa vîtesse, ni la direction de cette vîtesse.

2e *Hypothèse*. Si aux différentes parties d'un système quelconque de corps en équilibre, on imprime de nouvelles forces, qui si elles étoient seules, se feroient aussi mutuellement équilibre, l'équilibre du système ne sera pas troublé.

3e *Hypothèse*. Lorsque plusieurs forces, tant actives que passives, se font mutuellement équilibre, chacune de ces forces est toujours égale et directement opposée à la résultante de toutes les autres.

4e *Hypothèse*. Les quantités de mouvement ou forces motrices qui se détruisent à chaque instant dans un système de corps, peuvent toujours être décomposées en d'autres forces égales deux à deux et directement opposées, suivant la ligne droite qui joint les mobiles auxquelles elles appartiennent; et ces forces peuvent être regardées comme détruites respectivement dans chacun de ces corps par l'action de l'autre.

5° *Hypothèse.* L'action que deux corps contigus exercent l'un sur l'autre par choc, pression ou traction, ne dépend point de leur vîtesse absolue, mais seulement de leur vîtesse relative.

Celle que deux corps ne se communiquent que par des corps interposés, se transmet de proche en proche de l'un à l'autre, par le moyen de ces corps intermédiaires : de sorte qu'elle se résout toujours en une suite d'actions qui s'exercent immédiatement entre deux corps contigus.

6° *Hypothèse.* Les quantités de mouvement ou les forces mortes que s'impriment réciproquement les corps par des fils ou des verges, sont dirigées dans le sens de ces fils ou de ces verges, et celles qu'ils s'impriment par choc ou pression, sont dirigées suivant la perpendiculaire élevée à leur surface commune au point de contact.

7° *Hypothèse.* Lorsque les corps qui se choquent sont parfaitement durs ou parfaitement mous, ils marchent toujours de compagnie après le choc ; c'est-à-dire suivant la ligne de leur action réciproque qui, suivant l'hypothèse précédente, est toujours perpendiculaire à leur surface commune au point de contact.

Lorsque les corps sont parfaitement élastiques, ils se séparent après le choc avec une vîtesse relative égale à celle qu'ils avoient dans le sens opposé immédiatement avant le choc.

Lorsque les corps ne sont ni parfaitement durs, ni parfaitement élastiques, les corps se séparent avec une vîtesse relative plus ou moins grande, suivant le degré d'élasticité.

Expériences et raisonnemens sur lesquels sont fondées les hypothèses précédentes.

74. *Sur la première hypothèse.* L'expérience prouve, que si sur une table horizontale parfaitement unie, on place une boule sans lui imprimer aucun mouvement, cette boule restera en repos jusqu'à ce qu'on vienne l'en tirer. Et en effet, à ne considérer la chose que sous le rapport du seul raisonnement, on ne voit pas pourquoi ce corps prendroit de lui-même un mouvement plutôt d'un côté que de l'autre. Nous voyons, à la vérité, des êtres qui se meuvent spontanément, mais c'est qu'ils ont en eux un principe vital dont on fait ici abstraction, ou bien ils sont entraînés par des causes externes que l'expérience apprend à connoître, comme la pesanteur. De plus, l'analogie fait présumer que la figure du corps ne fait rien à la propriété dont il s'agit, et

que ce qui a lieu pour un globe placé sur une table horizontale, doit s'étendre à tous les corps possibles, dans toutes les positions possibles, pourvu qu'ils soient dégagés de toute influence étrangère. La première hypothèse proposée ci-dessus, paroît donc être, quant au premier point, autant d'accord avec le raisonnement qu'avec l'expérience.

75. Maintenant, si l'on vient à mettre la boule dont il s'agit, en mouvement sur la table, l'expérience prouve qu'elle continuera ensuite à se mouvoir uniformément et en ligne droite, à moins qu'on ne vienne à la déranger par quelque nouvelle impulsion.

Ce fait s'explique par les mêmes observations que le précédent, mais avec un peu moins d'évidence. Si le corps une fois mis en mouvement dévioit de sa première direction, on ne voit pas pourquoi ce seroit à droite plutôt qu'à gauche. Quant à ce qui regarde la vitesse, on ne voit pas non plus pourquoi elle diminueroit plutôt que d'augmenter. A la vérité, on sait que tout mouvement tend à s'affoiblir par degrés, et finit toujours par s'anéantir totalement. Mais on remarque bientôt, que cette déperdition de vitesse est l'effet des frottemens et de la résistance de l'air. Cela se confirme, en suspendant sur un pivot bien pointu un balancier horizontal, portant à ses extrémités deux corps égaux taillés en lentilles pour mieux fendre l'air; car alors le mouvement circulaire une fois imprimé, se conserve très-long-temps; et la conviction devient entière lorsqu'on réfléchit que les astres qui parcourent des intervalles immenses avec des mouvemens si rapides, n'en ont sensiblement rien perdu depuis tant de siècles qu'on les observe. Nous sommes donc autorisés à regarder encore cette seconde partie de l'hypothèse proposée ci-dessus, comme fondée tout-à-la-fois sur l'expérience et sur le raisonnement.

Cette hypothèse est le principe connu sous le nom de *loi d'inertie;* et on l'exprime ordinairement, en disant que tout corps persévère dans son état de repos ou de mouvement uniforme et rectiligne, jusqu'à ce qu'il reçoive l'action d'une puissance étrangère.

76. *Sur la seconde hypothèse.* La seconde hypothèse porte le caractère de la presque évidence; car si d'une part plusieurs corps se font mutuellement équilibre, leurs mouvemens se trouvent anéantis par leur action réciproque; donc deux ou plusieurs actions de cette nature exercées simultanément doivent se détruire par parties, comme si elles avoient lieu isolément. Par conséquent leur résultat doit être l'équilibre. Ce raisonnement paroît du moins conforme

à la simplicité qu'on remarque dans toutes les opérations de la nature, et il est en effet confirmé par l'expérience.

77. On peut conclure de-là, par exemple, que si plusieurs forces se font équilibre, et que l'une d'entre elles, comme B (fig. 5), tire le point A par un cordon $\overline{AB}$; on pourra appliquer cette force B à tout autre point de sa direction comme C, sans altérer l'équilibre. Car si l'on ajoute au cordon deux forces égales et directement opposées C, D, l'équilibre subsistera d'après la seconde hypothèse; ensuite si l'on supprime les deux forces égales et opposées B, D, l'équilibre subsistera encore par la même hypothèse. Donc l'équilibre n'aura point été dérangé, en substituant la force C à la force B.

78. *Sur la troisième hypothèse.* L'expérience prouve que si un globe A en repos est frappé tout-à-la-fois par d'autres globes B, C, D, E, F (fig. 6), et qu'il en résulte équilibre, la résultante des quantités de mouvement de tous ces corps choquans est o; et que par conséquent, chacune de ces quantités de mouvemens est égale et directement opposée à la résultante de toutes les autres.

L'expérience prouve également, que si plusieurs forces mouvantes m, n, p, q (fig. 7), se font mutuellement équilibre autour d'un point A en le tirant par des cordons, la résultante de toutes ces forces sera o; et que par conséquent, chacune d'elles est égale et directement opposée à la résultante de toutes les autres.

79. Ces expériences s'expliquent par des raisonnemens plausibles, et en les généralisant par induction, nous établissons la troisième de nos hypothèses.

En effet, nous avons appelé en général force résultante de plusieurs autres appliquées au même point, celle qui estimée dans un sens quelconque, est égale à la somme de toutes les autres estimées dans le même sens.

Concevons donc que plusieurs forces appliquées au point K (fig. 8) se fassent mutuellement équilibre, et soit $\overline{Ka}$ l'une de ces forces. Menons par le point K une droite quelconque $\overline{KM}$, et supposons qu'à la place de $\overline{Ka}$ on en substitue deux autres qui en tiennent lieu, l'une $\overline{Ka'}$ dirigée suivant $\overline{KM}$, l'autre $\overline{Ka''}$ perpendiculaire à cette première. Si l'on conçoit une semblable opération pour toutes les forces qui se font équilibre autour du point K, l'équilibre subsistera, et il n'y aura plus dans le système que deux sortes de forces, les unes dirigées suivant la droite $\overline{KM}$, les autres perpendiculairement à cette même droite. Mais comme ces dernières ne favorisent pas plus celles qui tirent dans le sens $\overline{KM}$, que celles qui tirent dans le sens opposé : on pourra les supprimer sans que l'équilibre soit troublé. Il ne restera donc que les forces dirigées sur la ligne $\overline{KM}$, qui devront se faire équilibre. Or cela ne peut avoir lieu sans que la somme de celles qui tirent dans un sens ne soit égale à la somme de celles qui tirent dans le sens opposé. Il reste donc à savoir ce que c'est que chacune de ces forces.

Or puisque $\overline{Ka''}$ estimée dans le sens $\overline{KM}$ est o, il est clair qu'elle n'entre pour rien dans la force $\overline{Ka}$ estimée dans le même sens. Donc cette force $\overline{Ka}$, estimée dans le sens $\overline{KM}$, ne sera ni plus grande ni plus petite que la force partielle seule $\overline{Ka'}$ estimée dans le même sens ; c'est-à-dire que les points a et a' doivent se trouver sur la même droite perpendiculaire à $\overline{KM}$, ou ce qui revient au même, $\overline{Ka'}$ doit être la projection de $\overline{Ka}$, ou enfin cette même force $\overline{Ka}$ estimée dans le sens $\overline{KM}$. Et comme le même raisonnement a lieu pour toutes les autres forces du systême, il suit que les forces dirigées sur la droite $\overline{KM}$, ne sont autre chose que les forces même proposées, toutes estimées dans le sens de $\overline{KM}$. Donc puisqu'il doit y avoir équilibre, la somme de toutes ces forces dirigées suivant $\overline{KM}$ doit se réduire à o; c'est-à-dire que la somme des forces proposées toutes estimées dans le sens de $\overline{KM}$, se réduit à zéro; et que par conséquent chacune d'elles est égale et directement opposée à la somme de toutes les autres.

80. Le raisonnement confirme donc l'expérience d'une manière très-plausible, lorsque toutes les forces proposées se réunissent en un même point. Maintenant soit (fig. 9) une machine funiculaire à plusieurs noeuds A, B, C: ce que nous avons dit du point K dans la figure précédente, pourra s'appliquer à chacun des noeuds A, B, C en particulier : ainsi la résultante des forces $\overline{Am}$, $\overline{An}$, $\overline{Ao}$, sera égale à la tension du cordon $\overline{AB}$ et dirigée suivant $\overline{BA}$: et pareillement la résultante des forces $\overline{Cs}$, $\overline{Ct}$, sera égale à la tension de $\overline{CB}$ et dirigée suivant $\overline{BC}$: donc la résultante de toutes les forces du système passera par le point B, et ce cas sera ramené au cas précédent; de sorte que chacune des forces $\overline{Bp}$, $\overline{Bq}$, $\overline{Br}$, sera, par ce qui a été dit ci-dessus, égale et directement opposée à la résultante de toutes les autres.

Or, comme il est aisé de sentir que ce qu'on vient de dire de la machine funiculaire proposée peut s'appliquer à tous les systêmes possibles de force, il est évident que notre troisième hypothèse peut être admise comme une loi générale de la nature.

81. Il suit évidemment de là, que s'il n'y a que trois forces dans le systême en équilibre, chacune d'elles pourra être représentée par une droite égale et directement opposée à la diagonale du parallélogramme formé sur les droites qui représentent les deux autres puissances: principe important, et connu sous le nom de parallélogramme des forces.

82. *Sur la quatrième hypothèse.* L'expérience prouve, que soit qu'on veuille tirer un corps de son état de repos, soit qu'on veuille l'arrêter lorsqu'il est en mouvement, soit qu'on veuille seulement le détourner de sa route, ou modifier sa vitesse d'une manière quelconque, on éprouve toujours une résistance d'autant plus grande, que le changement qu'on veut opérer est plus considérable. Si l'on frappe un corps avec la main, on éprouve de sa part un coup semblable dans le sens contraire. Si on le tire avec un fil, ce fil est également tendu des deux côtés. Si on chasse une bille sur une table, le bâton dont on se sert est repoussé en arrière par le choc, en

même temps que le corps part pour aller en avant. Si l'on met sur la table un autre corps qui attire le premier comme l'aimant attire le fer, le premier corps attirera le second d'autant, et chacun fera une partie du chemin pour se rapprocher de l'autre.

Si le corps est parfaitement dur, et si un autre corps également dur et égal à lui en masse et en vîtesse vient à sa rencontre en sens directement opposé, les deux mouvemens seront anéantis.

Si l'on double en même temps la masse de l'un et la vîtesse de l'autre, il y aura de même équilibre. La même chose aura lieu, si l'on triple la masse de l'un et la vîtesse de l'autre, et en général, tant qu'on augmentera, on diminuera cette masse et cette vîtesse dans un même rapport.

L'explication de tous ces faits est très-naturelle; car les lois de la nature devant être les mêmes pour toutes les parties de la matière placées dans des circonstances semblables, on ne voit pas, par exemple, pourquoi dans le choc des corps égaux et animés de vîtesses égales et contraires dont nous venons de parler, il arriveroit à l'un ce qui n'arriveroit pas à l'autre: pourquoi le premier l'emporteroit sur le second.

83. Il n'est pas, à la vérité, également clair que l'équilibre doive subsister lorsqu'on augmente

ou diminue en même raison la masse de l'un et la vîtesse de l'autre.

Néanmoins on conçoit, que si un corps double d'un autre en masse vient à le choquer, il doit agir sur celui-ci comme deux corps égaux chacun à ce dernier : et que si celui-ci a à son tour une vîtesse double de celle du premier, il doit aussi agir comme deux corps réunis qui n'auroient chacun que la moitié de la vîtesse du total, et qu'alors il n'y a aucune raison pour que l'un l'emporte sur l'autre. L'équilibre doit donc avoir lieu dans ce cas-ci comme dans le cas précédent : ce qui étant confirmé par maintes expériences, ne laisse plus aucun doute.

84. Il paroît donc certain qu'en général toutes les fois qu'un corps imprime du mouvement à un autre, il en reçoit à son tour une même quantité dans le sens contraire; du moins tant que le choc est direct et s'exerce entre deux corps seulement. Mais l'analogie nous porte à penser qu'il doit en être de même en quelque nombre que soient ces corps, et quelles que soient les directions de leurs mouvemens; et tous les phénomènes de la nature confirment cette loi importante, qu'on exprime ordinairement, en disant que la réaction est toujours égale et contraire à l'action.

Cette loi, comme l'observe très-bien Maclaurin, n'est en quelque sorte qu'une généralisation de la loi d'inertie contenue dès la première hypothèse donnée ci-dessus ; c'est-à-dire, que suivant les expressions de cet illustre géomètre, « non-seulement un corps isolé ne change jamais » son état de lui-même; mais que lorsqu'il y a » plusieurs corps qui agissent les uns sur les au- » tres, l'un n'acquiert aucune force nouvelle qui » ne soit perdue par un autre dans la même di- » rection ; d'où il suit, que quoique par le choc » le mouvement passe de l'un à l'autre, cepen- » dant la somme de leurs quantités de mouve- » ment, estimée dans une direction donnée, est » toujours la même, et qu'elle est inaltérable par » leurs actions mutuelles. Ainsi cette loi de l'éga- » lité entre l'action et la réaction, sert à rendre » la loi d'inertie plus générale, et à l'étendre à » un nombre de corps quelconque. Car, comme » par celle-ci, un corps persévère dans son état » de repos ou de mouvement uniforme en ligne » droite, jusqu'à ce qu'il soit affecté de quelque » cause externe; de même, par la loi de l'égalité » entre l'action et la réaction, la somme des quan- » tités de mouvement d'un nombre quelconque » de corps, estimées dans une direction donnée, » persévère la même, malgré les chocs ou l'ac- » tion mutuelle des corps particuliers, jusqu'à » ce que quelque influence externe vienne à les » déranger ».

85. Quelque compliqué que soit le systême, et quand même le mouvement seroit transmis d'un corps à l'autre par une machine ou par une suite de corps intermédiaires, l'action réciproque de toutes les parties du systême, ne s'en résoudroit pas moins en un systême d'actions et réactions partielles, égales et directement opposées deux à deux; car alors l'action qui s'exerce entre les corps éloignés, passe de proche en proche par l'action immédiate qui s'exerce entre les corps contigus considérés deux à deux.

86. Il résulte donc de tout ce qui vient d'être dit, que la quantité de mouvement gagnée par un corps quelconque, est la résultante des quantités de mouvement partielles, qui sont censées lui être imprimées par tous les autres corps du systême, et que la quantité de mouvement perdue est la résultante de toutes celles qu'il est censé imprimer lui-même à chacun de ces autres corps.

Donc la résultante de toutes les forces qu'il imprime est toujours égale et directement opposée à la résultante de toutes celles qu'il reçoit.

87. Cette loi a non-seulement lieu pour les corps durs, mais pour ceux de toutes espèces. L'élasticité peut augmenter la quantité de mouvement que les corps s'impriment respectivement. Mais comme ils se débandent avec la même énergie dans les deux sens opposés, la somme

totale reste la même dans chaque sens. Enfin, dit encore Maclaurin, « nous ne connoissons dans » un corps d'autre façon de perdre sa force, qu'en » la communiquant à un autre ».

88. Il peut paroître d'abord que cette loi doit souffrir exception dans le cas où il y a des points fixes dans le systême : mais le fait est, que dans la nature il n'existe réellement aucun point véritablement fixe : ces points regardés comme fixes, pour la facilité des calculs, ne sont que des masses très-considérables, et qu'on regarde comme infinies à l'égard des autres corps du systême. Ainsi le point d'appui sur lequel tourne un levier, est lié au globe de la terre, il est censé ne faire qu'un avec elle, il paroît fixe et ne l'est pas, et les quantités de mouvement perdues par les corps suspendus à ce levier, sont gagnées par le globe même de la terre, où elles deviennent insensibles et inappréciables pour nous. Ce qui fait que nous regardons ce point d'appui comme réellement fixe et capable de détruire les forces qui lui sont imprimées, et qu'on est obligé, en mécanique, de tenir compte de ces forces comme si elles dérogeoient en effet à cette égalité constante entre l'action et la réaction en sens contraire.

89. *Sur la cinquième hypothèse.* L'expérience prouve, que si quand plusieurs corps agissent

les uns sur les autres, le système général est emporté d'un mouvement commun dans un sens quelconque, que par exemple, si c'est une table comme celle d'un billard, placée sur un vaisseau qui voyage, les résultats seront les mêmes que ci-dessus ; c'est-à-dire que les corps se comporteront l'un à l'égard de l'autre, comme si la table étoit fixe.

En effet, il paroît tout simple que l'intensité du choc entre deux corps ne dépende pas de leur mouvement commun, mais seulement de la rapidité avec laquelle ils tendent à se rapprocher l'un de l'autre. Ils ne se heurtent ou ne se tirent que parce qu'ils sont animés de mouvemens incompatibles. On ne voit donc pas pourquoi ces mouvemens se modifieroient au-delà de ce qui est strictement nécessaire pour que les corps cessent de se gêner, et leurs mouvemens d'être incompatibles ; c'est-à-dire, donc que conformément à la cinquième hypothèse, les quantités de mouvement que s'impriment réciproquement les corps qui agissent l'un sur l'autre, en se poussant ou en se tirant, ne dépendent point de leurs vitesses absolues, mais seulement de leurs vitesses relatives.

Quant à la seconde partie de l'hypothèse, qui considère l'action qu'exercent l'un sur l'autre par choc, pression ou traction, deux corps qui sont séparés par d'autres corps, l'expérience apprend que l'action n'est pas dirigée suivant la droite qui les joint, comme pour ceux qui agissent immédiatement l'un sur l'autre ; mais qu'elle passe d'abord de ceux-ci dans ceux qui leur sont contigus, et qui peuvent en absorber une partie ; qu'ensuite ceux-ci transmettent ce qui reste aux autres corps avec lesquels ils sont en contiguité ; ainsi de suite, depuis le premier jusqu'au dernier des deux corps considérés, de manière que l'action se résout toujours en une suite d'actions immédiates. Il est naturel de penser que cela doit être ; car si l'on supprimoit les corps intermédiaires entre le premier et le dernier, il n'y auroit plus d'action réciproque, puisque l'impénétrabilité ne les empêcheroit plus de suivre chacun son impulsion. Il faut donc que cette action soit reçue d'abord par les corps intermédiaires les plus voisins, et qu'elle passe ensuite de proche en proche du premier jusqu'au dernier.

Sur la sixième hypothèse. Si deux globes, au lieu de se choquer directement, se choquoient obliquement, c'est-à-dire de manière que leurs vîtesses ne fussent pas dirigées suivant la ligne des centres, l'équilibre n'auroit pas lieu, quelles que fussent ces vîtesses.

On sent en effet que quand deux corps viennent à se choquer, la quantité de mouvement ou la force morte que chacun d'eux imprime à l'autre, doit être dirigée perpendiculairement à leur surface commune au point de contingence ; car on ne voit aucune raison pour qu'elle soit inclinée à cette perpendiculaire, plutôt dans un sens que dans l'autre. L'action réciproque entre les deux globes, doit donc être dirigée suivant la ligne des centres ; et puisque les vitesses ont une autre direction , les quantités de mouvement respectivement imprimées ne peuvent détruire ces vitesses. On peut donc induire de cette expérience comme du seul raisonnement, que conformément à l'énoncé de la sixième hypothèse, les quantités de mouvement que s'impriment respectivement les corps par leur choc, sont toujours dirigées perpendiculairement à leur surface commune au point de contact.

90. *Sur la septième hypothèse.* L'expérience prouve, comme on l'a vu ci-dessus, que quand deux corps durs viennent à la rencontre l'un de l'autre en sens opposés, avec des quantités de mouvement égales, il y a équilibre. Elle prouve aussi, que si ces corps sont animés de quantités de mouvement inégales, l'équilibre n'aura pas lieu ; mais que ces corps n'en marcheront pas moins de compagnie après le choc.

On ne voit pas, en effet, ce qui pourroit obliger ces corps à rejaillir en sens contraires. Il est naturel de penser, qu'il n'y a que la restitution des ressorts lorsqu'il y en a, qui puisse produire cet effet, et que par conséquent les corps étant supposés parfaitement durs, ils ne doivent agir l'un sur l'autre qu'autant qu'il est nécessaire pour que leurs mouvemens respectifs soient anéantis : et en suivant cette présomption par analogie, on sera porté à penser que dans le choc des corps durs, et par la même raison, dans le choc des corps mous, qui sont également sans ressort, en quelque nombre et de quelque forme qu'ils soient, leur vîtesse relative après le choc, c'est-à-dire, estimée dans le sens de leur action réciproque, ou perpendiculairement à leur surface commune aux points de contingence, doit toujours être nulle.

91. Comme, au contraire, dans le choc des corps parfaitement élastiques, la restitution des ressorts est supposée se faire par les mêmes degrés que la compression dans le sens opposé, il paroît tout simple de conclure, que les corps se sépareront après le choc avec la même vîtesse relative que celle qu'ils avoient dans le sens contraire avant le choc; ce qui est conforme à la septième hypothèse.

Ainsi, toutes les hypothèses proposées sont établies de la manière la plus plausible, par les faits et par le raisonnement. Nous regarderons donc ces hypothèses comme les véritables lois de la nature, en attendant que de nouveaux phénomènes viennent les confirmer ou les détruire.

Diverses conséquences déduites des hypothèses précédentes. Ce qu'on nomme force d'inertie. Propriétés des forces qui concourent vers un même point. Des forces parallèles et du centre de gravité.

92. *Sur la force d'inertie.* Suivant la première hypothèse, tout corps persévère dans son état de repos ou de mouvement uniforme et rectiligne, jusqu'à ce qu'il en soit tiré par l'action d'un autre corps. Lorsque cet autre corps vient à frapper le premier, chacun de ces corps prend une nouvelle quantité de mouvement, qui est la résultante de celle qu'il avoit et de celle qu'il gagne, et cette quantité de mouvement qu'il gagne, est censée lui être imprimée par l'autre corps. Ainsi le premier des corps ci-dessus reçoit du second une certaine quantité de mouvement qui se combine avec celle qu'il avoit déjà, et qui donne ainsi pour résultante celle qu'il doit avoir après; et réciproquement celui-ci, en vertu du principe de l'égalité entre l'action et la réaction, imprime au second corps une quantité de mouvement égale et contraire à celle qu'il en reçoit. Or cette quantité de mouvement que chacun de ces corps imprime à l'autre, lorsque celui-ci dérange le mouvement du premier, s'appelle *force d'inertie* de ce premier.

93. La même chose a lieu lorsqu'il s'agit d'un système de corps.

On appelle alors *force d'inertie* de chacun d'eux à chaque instant, la résistance qu'il oppose à son changement d'état, c'est-à-dire la réaction qu'il exerce sur le systême des autres corps qui le font passer du repos au mouvement ; du mouvement au repos, ou d'un mouvement à un autre mouvement : c'est, en un mot, une force égale et contraire à celle qu'il faut imprimer à ce mobile, pour le faire passer de l'état où il étoit, à celui où il se trouvera l'instant d'après.

D'où il suit, que si l'on décompose la vîtesse effective du mobile avant le choc en deux autres, dont l'une est celle qu'il doit prendre après le choc ; l'autre multipliée par la masse de ce mobile, sera ce qu'on nomme sa *force d'inertie* au moment du choc.

94. Il ne faut pas confondre la *force d'inertie* avec *la quantité de mouvement perdue*. Pour avoir celle-ci, il faut (41) décomposer la vîtesse qu'auroit prise le mobile l'instant d'après s'il eût été libre, en deux, dont l'une soit celle qu'il prendra réellement ; l'autre, multipliée par la masse du mobile, sera la quantité de mouvement perdue. La différence est, que pour ce dernier cas, on doit décomposer la vîtesse avec laquelle le corps tend à se mouvoir l'instant d'après ;

au lieu que pour la force d'inertie, c'est la vîtesse avec laquelle il se mouvoit réellement l'instant d'auparavant qu'il faut décomposer : or ce n'est pas toujours la même chose, parce qu'il peut survenir à l'instant du choc une force motrice qui n'entre point dans la décomposition nécessaire pour avoir la force d'inertie, et qui entre dans celle qu'il faut faire pour obtenir la vîtesse perdue. Ces deux quantités, savoir la force d'inertie et la quantité de mouvement perdue, se confondent lorsque le systême se meut uniquement en vertu d'un mouvement précédemment acquis, parce qu'alors, en vertu de la seconde hypothèse, chaque corps conserveroit, s'il étoit libre, la vîtesse précédemment acquise. Mais il n'en est pas de même lorsque les corps sont animés de forces motrices, car alors il est clair que la quantité de mouvement que chaque corps prendroit s'il étoit libre, est composée de celle qui étoit précédemment acquise, et de celle que fait naître la force motrice. Donc alors la quantité de mouvement perdue par le choc, est la résultante de trois forces; savoir, 1°. la quantité de mouvement acquise ou avant le choc; 2°. la quantité de mouvement imprimée par la force motrice; 3°. la quantité de mouvement égale et contraire à celle qui doit rester au mobile après le choc. Mais par la définition que nous venons de donner de la force d'inertie, la quantité de mouvement qu'elle imprime, est la résultante de la première et de la dernière des trois forces dont nous venons de parler. Donc,

La quantité de mouvement perdue, est la résultante de la quantité de mouvement produite par la force motrice, et de la quantité de mouvement produite par la force d'inertie.

95. Lorsqu'il y a choc, c'est-à-dire changement brusque dans le mouvement du corps, la quantité de mouvement produite par la force motrice, est infiniment petite à l'égard de la quantité de mouvement perdue; et par conséquent, cette quantité de mouvement perdue ne diffère alors qu'infiniment peu de la force d'inertie. Mais lorsque le mouvement change par degrés insensibles, la quantité de mouvement perdue pendant un temps infiniment court, est elle-même infiniment petite; c'est celle qui se détruit par la pression des corps les uns contre les autres, par la tension des fils, ou en général par l'action réciproque des corps; en un mot, c'est ce qu'on entend par la simple expression de force dans un systême en équilibre: distinguons-la par le nom de *force exercée* par le mobile.

96. Il suivra donc de ce qui précède, que la *force exercée* à chaque instant par chacun des corps du systême, est la résultante de la *force motrice* et de la *force d'inertie*.

Donc réciproquement, la *force d'inertie* est la résultante des *forces exercées* par le mobile sur tous les autres corps du système par pression ou tension, et d'une force égale et directement opposée à sa force motrice.

Donc si la force motrice est nulle; c'est-à-dire, si le système se meut uniquement en vertu d'un mouvement antérieurement acquis, et qui varie seulement par l'action que les corps exercent à chaque instant les uns sur les autres, la force d'inertie se trouvera, pour chaque corps et pour chaque instant, égale et directement opposée à la pression ou traction qu'il éprouve.

97. Si au contraire tous les corps sont libres, et ne se meuvent qu'en vertu des forces motrices, comme la pesanteur, alors la force d'inertie de chacun est à chaque instant égale simplement et directement opposée à sa force motrice.

98. Enfin, dans le cas d'équilibre ou de mouvement uniforme, la force d'inertie est toujours o, quelles que soient d'ailleurs les forces motrices auxquelles est livré le système; car la force d'inertie n'exprime pas le changement qui survient au système, en regardant comme acquis les mouvemens qu'il tend à prendre, mais seulement eu égard aux mouvemens effectifs qu'il avoit déjà acquis antérieurement à l'action de la force motrice.

« Je dois remarquer, *dit Euler dans sa 66e* » *Lettre à une princesse d'Allemagne*, que c'est » nommer fort mal-à-propos *force*, cette qualité » des corps par laquelle ils restent dans leur état; » car si l'on comprend sous le mot de *force* tout » ce qui est capable de changer l'état des corps, » la qualité par laquelle ils se conservent dans le » leur, est plutôt l'opposé d'une force. C'est donc » par abus que quelques auteurs donnent le nom » de force à l'inertie, qui est cette qualité, et » qu'ils la nomment *force d'inertie*. Cet abus » peut jeter dans des erreurs fort grossières ».

Cette observation d'Euler est frappante; mais il est facile d'éviter ces erreurs, en distinguant ce qu'on nomme simplement *inertie*, de la *force d'inertie*. L'inertie n'est qu'une propriété qui ne peut entrer dans un calcul; mais la force d'inertie est une vraie quantité susceptible d'une appréciation exacte. L'inertie est simplement la propriété qu'a chaque corps de rester dans son état de repos ou de mouvement uniforme et rectiligne; et la force d'inertie est (94) la quantité de mouvement que ce corps imprime à tout autre corps qui vient le tirer de cet état.

La force d'inertie a donc bien véritablement le caractère de ce qu'on nomme force en général, c'est-à-dire, de tout ce qui change l'état de repos ou de mouvement des corps; car puisqu'elle est une quantité de mouvement imprimée, elle change nécessairement l'état du corps auquel elle est imprimée : et quant à l'état du corps qui l'imprime, il est aussi changé en même temps ; mais c'est par la réaction de l'autre corps, réaction qui n'est autre chose à son tour, que la force d'inertie de cet autre corps. Ainsi l'état de chacun des deux corps qui se choquent, est changé par la force d'inertie de l'autre, auquel il imprime lui-même une égale quantité de mouvement en sens contraire par la sienne propre.

99. Nommons dt l'élément du temps, ou l'intervalle infiniment court, pendant lequel on considère l'effet de la force motrice, et celui de la force d'inertie ; M la masse du corps, Mp la force motrice, Mq la force d'inertie, et par conséquent $Mpdt$, $Mqdt$ leurs effets, c'est-à-dire les quantités de mouvement qu'elles feroient naître respectivement dans M pendant dt. La quantité de mouvement perdue pendant dt, sera donc la résultante de $Mpdt$ et $Mqdt$ (fig. 96).

Soit V la vîtesse du corps pour un instant donné, dV son accroissement pendant dt, z l'angle compris entre cette vitesse V et la force accélératrice p. La force motrice Mp estimée dans le sens de V, sera donc $Mp \cos. z$; et par conséquent, la quantité de mouvement imprimée dans ce sens pendant dt, sera $Mpdt \cos. z$.

D'un autre côté, la quantité de mouvement

étant M V, s'accroîtra pendant dt dans le sens de V, de la quantité MdV : donc — MdV est ce que nous avons appelé l'effet de la force d'inertie, aussi estimée dans le sens de V ; donc, Mpdt cos. z — MdV est la résultante de ces deux forces estimées chacune dans le sens de V ; donc c'est la quantité de mouvement perdue par M pendant dt estimée dans le sens de V. Mais cette quantité de mouvement perdue, est l'effet de la force de pression exercée par M, multipliée par le temps dt pendant lequel elle s'exerce. Donc cette force exercée à chaque instant, estimée suivant la vîtesse V du mobile, est

$$Mp \cos. z - M\frac{dV}{dt}.$$

100. Si l'on faisoit prendre au système un autre mouvement quelconque, qu'alors u exprimât la nouvelle vîtesse de M, x l'angle compris entre cette nouvelle vîtesse et la force accélératrice p, et y l'angle compris entre les deux vîtesses V et u ; il est clair que Mp cos. x seroit la force motrice estimée dans le sens de la nouvelle vîtesse u, et que V cos. y seroit la première vîtesse estimée dans le sens de la seconde : que par conséquent, d(V cos. y) seroit l'accroissement de cette vîtesse estimée dans le sens de u. Donc $- M\frac{d(V \cos. y)}{dt}$ seroit la force d'inertie

estimée dans le même sens de u. Donc la force de pression exercée à chaque instant par M estimée dans le sens de u, seroit

$$Mp \cos. x - M \frac{d(V \cos. y)}{dt}.$$

101. *Sur les forces qui concourent en un même point.* Concevons un systême quelconque de forces, $\overline{MA}$, $\overline{MB}$, $\overline{MC}$ (fig. 12), appliquées au même point M, et dont $\overline{MK}$ soit la résultante. Par le point M, menons une droite quelconque indéfinie $\overline{MF}$, et sur cette droite, prenons à volonté un point F quelconque. Des points A, B, C, K, menons des perpendiculaires $\overline{Aa}$, $\overline{Bb}$, $\overline{Cc}$, $\overline{Kk}$ sur $\overline{MF}$, et du point F des perpendiculaires $\overline{Fa'}$, $\overline{Fb'}$, $\overline{Fc'}$, $\overline{Fk'}$, sur les directions des puissances. Cela posé :

Les triangles semblables MAa, MFa', donneront

$\overline{MA} : \overline{Ma} :: \overline{MF}, \overline{Ma'}$, ou

$\overline{MA} . \overline{Ma'} = \overline{MF} . \overline{Ma}$. Par la même raison, on aura

$\overline{MB} . \overline{Mb'} = \overline{MF} . \overline{Mb}$

$\overline{MC} . \overline{Mc'} = \overline{MF} . \overline{Mc}$

$- \overline{MK} . \overline{Mk'} = - \overline{MF} . \overline{Mk}$.

Ajoutant toutes ces équations, et observant que

le dernier membre de l'équation totale se réduit à o, à cause de $\overline{Mk} = \overline{Ma} + \overline{Mb} + \overline{Mc}$, il viendra

$$\overline{MA}.\overline{Ma'} + \overline{MB}.\overline{Mb'} + \overline{MC}.\overline{Mc'} = \overline{MK}.\overline{Mk'}.$$

C'est-à-dire, que la somme des produits de chacune des forces composantes, multipliée par la distance $\overline{MF}$ du point de concours des forces à un point quelconque F de l'espace, estimée dans le sens de cette force, est égale à la force résultante, multipliée de même par la distance $\overline{MF}$, estimée dans le sens de cette force.

Si la résultante $\overline{MK}$ étoit o, les autres forces se feroient mutuellement équilibre, donc : *dans le cas d'équilibre entre plusieurs forces dirigées vers un même point, la somme des produits de chacune de ces forces par la distance du point de concours à un point quelconque pris dans l'espace, estimée dans le sens de cette force, est égale à o.*

102. Les mêmes triangles semblables M A a, M F a' que nous avons considérés ci-dessus, donnent $\overline{MA} : \overline{Aa} :: \overline{MF} : \overline{Fa'}$, ou

$\overline{MA}.\overline{Fa'} = \overline{MF}.\overline{Aa}$, et par la même raison, on aura

$$\overline{MB}.\overline{Fb'} = \overline{MF}.\overline{Bb}$$

$$-\overline{MC}.\overline{Fc'} = \overline{MF}.\overline{Cc}$$

$$-\overline{MK}.\overline{Fk'} = -\overline{MF}.\overline{Kk}.$$

Ajoutant toutes ces équations, on aura

$$\overline{MA}.\overline{Fa'} + \overline{MB}.\overline{Fb'} - \overline{MC}.\overline{Fc'} - \overline{MK}.\overline{Fk'}$$
$$= \overline{MF}\left(\overline{Aa} + \overline{Bb} - \overline{Cc} - \overline{Kk}\right).$$

103. Si toutes ces forces étoient dans un même plan, le second facteur du dernier membre se réduiroit à zéro (27); on auroit donc

$$\overline{MA}.\overline{Fa'} + \overline{MB}.\overline{Fb'} - \overline{MC}.\overline{Fc'} = \overline{MK}.\overline{Fk'}.$$

C'est-à-dire que la somme des momens des forces proposées à l'égard d'un point quelconque F, pris dans le plan de ces forces, en prenant négativement celles qui comme $\overline{MC}$ tendent à faire tourner dans le même sens que la résultante autour de ce point; seroit égale au moment de cette résultante à l'égard du même point.

104. Si les forces sont dans des plans différens, en faisant la projection de tout le système sur un plan quelconque, et considérant le point F comme la projection d'une droite ou axe perpendiculaire à ce plan; on conclura par les mêmes raisonnemens, que le moment de la résultante à l'égard de cet axe est égal à la somme des momens des forces composantes à l'égard du même axe.

105. Lorsque la résultante est o, les forces proposées se font mutuellement équilibre. Donc:

Dans un système quelconque de forces en équilibre autour d'un point donné, la somme des momens des forces à l'égard d'un axe quelconque mené dans l'espace, est égale à zéro, en prenant au positif celles de ces forces qui tendent à faire tourner dans un sens, et au négatif, celles qui tendent à faire tourner dans le sens contraire.

106. Ce que nous venons de dire sur les forces qui concourent vers un même point, est également vrai pour tout autre système de forces en équilibre, puisque par la seconde hypothèse, chacune d'elles est égale et directement opposée à la résultante de toutes les autres; ce qui ramène tous les cas possibles à celui où toutes les forces concourent au même point.

107. *Sur les forces parallèles.* Des forces parallèles peuvent être considérées comme concourant en un même point infiniment éloigné. D'où il suit visiblement 1°. que la résultante de plusieurs forces parallèles est égale à leur somme en prenant au négatif celles qui sont dans le sens opposé à cette résultante. 2°. Que la somme des momens de toutes ces forces parallèles à l'égard d'un axe quelconque pris dans l'espace, est égale au moment de la résultante à l'égard du même axe; en prenant au négatif celles de ces forces

qui tendent à faire tourner autour de cet axe dans un sens contraire à cette résultante.

Ainsi, par exemple, si le système se réduisoit à deux forces parallèles $\overline{Aa}$, $\overline{Bb}$ appliquées aux extrémités d'un levier, et en équilibre autour d'un point fixe K, la résultante de ces deux forces, qui est toujours égale et contraire à celle qui fait équilibre à ces deux forces combinées, passeroit nécessairement par ce point fixe K; et le moment de cette résultante à l'égard de ce point K étant o, il faudroit que les deux momens $\overline{Aa}.\overline{KA}$ et $\overline{Bb}.\overline{KB}$, fussent égaux entr'eux; c'est-à-dire, que les forces $\overline{Aa}$, $\overline{Bb}$ fussent en raison inverse de leurs bras de levier.

108. Cette proposition, la plus ancienne que l'on connoisse sur les lois de l'équilibre, fut découverte, comme on sait, par Archimède, et a toujours passé pour un principe fondamental. Sa liaison intime avec celui du parallélogramme des forces est facile à appercevoir. En effet,

Concevons un levier FKA (fig. 10), coudé au point fixe K, et dont les bras $\overline{KA}$, $\overline{KF}$ soient égaux. En y appliquant perpendiculairement deux forces égales $\overline{Aa}$, $\overline{BB'}$, il n'y a aucune raison pour que l'une l'emporte sur l'autre; ainsi il y aura équilibre.

Prolongeons le bras du levier $\overline{KA}$ au-delà du point K, jusqu'à ce qu'il rencontre la direction FBB' de la force appliquée au point F, et supposons cette force F appliquée maintenant au point B de sa direction, l'équilibre ne sera pas troublé : ainsi les forces $\overline{Aa}$, $\overline{BB'}$ appliquées aux extrémités de A, B du levier $\overline{AKB}$, dont les bras sont inégaux, se feront équilibre. Cela posé,

La force $\overline{BB'}$ estimée dans le sens $\overline{Bb}$, perpendiculaire au nouveau levier, est évidemment la seule qui agisse sur le point A ; car celle que donne $\overline{BB'}$ dans le sens $\overline{Bb}$ du levier, tirant sur le point fixe K, est détruite par lui ; donc la force $\overline{Bb}$, qui est la première $\overline{BB'}$ estimée perpendiculairement au levier, est la seule qui fasse équilibre à la force $\overline{Aa}$. Il reste donc à trouver le rapport de cette force $\overline{Aa}$ à la force $\overline{Bb}$.

Or les triangles semblables BB'b, BKF donnent

$$\overline{BB'} : \overline{Bb} :: \overline{BK}\ \overline{FK}, \text{ ou } \overline{BB'} . \overline{FK} = \overline{Bb} . \overline{BK} ;$$

mais

$$\overline{BB'} = \overline{Aa}, \text{ et } \overline{FK} = \overline{KA} ; \text{donc } \overline{Aa} . \overline{KA} = \overline{Bb} . \overline{BK}.$$

C'est-à-dire, que les deux forces Aa, Bb, qui se font mutuellement équilibre aux extrémités du levier droit BKA, doivent être en raison inverse de leurs bras de levier.

109. Ce que nous venons de dire de deux forces parallèles seulement appliquées au levier, s'étend visiblement à un nombre quelconque de forces parallèles en équilibre autour de ce même levier; car la résultante de toutes ces forces passant nécessairement par le point fixe, son moment à l'égard de ce point fixe sera nul, et par conséquent, en rapportant tous les momens à ce point fixe, la somme des momens de celles de ces forces qui tendent à faire tourner ce levier dans un sens, sera égale à la somme des momens des forces qui tendent à faire tourner dans le sens contraire.

110. Concevons plusieurs corps A, B, C, &c. (fig. 11), animés de différentes forces, toutes parallèles entr'elles. On voit par les principes exposés ci-dessus, que pour trouver la résultante des deux forces A, B, il faut diviser la droite $\overline{AB}$ au point m en parties réciproquement proportionnelles à ces forces; que cette résultante sera A+B, qu'elle passera par le point m, et qu'elle sera parallèle aux premières. Cette résultante trouvée, on n'aura par la même raison, qu'à diviser la droite $\overline{mC}$ au point n, en raison réciproque de cette résultante A+B et de la force C : et si par le point n, on mène une parallèle aux forces données, elle sera la direction de la résultante des trois forces A, B, C, et

cette résultante sera A+B+C. En continuant de pareilles opérations sur les autres forces du système, on déterminera le point Q par lequel doit passer la direction de la résultante générale : cette résultante sera la somme de toutes les forces composantes et parallèles à ces mêmes forces.

Or il faut observer que la construction indiquée ci-dessus ne dépend nullement de la direction des forces, mais seulement de leur grandeur et de leur parallélisme. Ainsi, les points m, n, o, p, Q seroient toujours les mêmes, si les forces restant les mêmes, changeoient seulement de direction en demeurant parallèles. Ces points sont nommés centres des forces parallèles ; c'est-à-dire, que le centre des forces parallèles A, B est m; celui des forces parallèles A, B, C est n, &c. et qu'enfin Q est le centre des forces parallèles, du système général.

111. Concevons que de chacun des points A, B, C, &c. m, n, o, p, &c. on abaisse des perpendiculaires $\overline{Aa'}, \overline{Bb'}, \overline{mn'}$, &c. sur un plan quelconque. Il est aisé de voir, que puisque les momens $A.\overline{Am}$, B $\overline{Bm}$ sont égaux à l'égard du point m, on devra avoir à l'égard d'un point quelconque m'' pris sur la direction de $\overline{AB}$, $A.\overline{Am''}+B.\overline{Bm''}=(A+B)\,\overline{mm''}$; car on a

$$\overline{Am}=\overline{Am''}+\overline{mm''},\ \overline{Bm}=\overline{mm''}-\overline{Bm}.$$

Substituant ces valeurs dans l'équation $A\,\overline{Am} - B\,\overline{Bm} = o$ que donne l'égalité des momens à l'égard du point m, on aura

$$A.\overline{Am''} + B.\overline{Bm''} = (A+B)\,\overline{mm''}.$$

On pourroit par un semblable raisonnement, en regardant la résultante A + B de A et B, comme une seule force appliquée au point m, et nommant n', o', p', q', &c. les points où tomberoient les perpendiculaires abaissées sur le même plan, des points n, o, p, q, &c.; on prouveroit, dis-je, qu'on doit avoir

$$A.\overline{Aa'} + B.\overline{Bb'} + C.\overline{Cc'} + D.\overline{Dd'} = (A+B+C+D)\,\overline{oo'},$$

ainsi de suite. C'est-à-dire qu'en général,

Dans un système de forces parallèles, la somme des momens de ces forces à l'égard d'un plan donné, ou la somme des produits de chacune de ces forces par la distance du point où elle est appliquée à un plan quelconque donné, est égale à la somme de toutes ces forces multipliée par la distance de leur centre général au même plan.

Donc si l'on nomme A, B, C, D, &c. plusieurs forces parallèles appliquées à des corps quelconques; a, b, c, d; &c. les distances de ces corps à un plan quelconque; p la distance du centre général de ces forces au même plan, on aura

$$A.a+B.b+C.c+\&c. = (A+B+C+\&c.)p;$$

donc

$$p = \frac{A.a+B.b+C.c+\&c.}{A+B+C+\&c.}$$

112. *Sur le centre de gravité.* Si tous les corps sont liés entr'eux d'une manière invariable, la construction indiquée ci-dessus (110) pour déterminer le centre des forces, sera évidemment toujours la même, quelque position qu'on donne à ce système, pourvu que les forces restent toujours les mêmes qu'auparavant, et parallèles à leurs premières directions. Donc ce centre de forces conservera toujours la même position à l'égard de chacun des corps du système.

113. Supposons que les forces considérées soient les poids des corps A, B, C, D, &c. le centre des forces sera alors ce qu'on nomme le *centre de gravité* du système.

Donc dans un système de corps dont toutes les parties sont invariablement liées entr'elles, le centre de gravité ne change point à l'égard des diverses parties de ce système, quelque position qu'on lui donne dans l'espace.

Et puisque la gravité est constante, c'est-à-dire, puisque les poids sont proportionnels aux masses, la distance de ce centre de gravité à un plan quelconque, sera égale à la somme des produits de chacune de ces masses par sa distance au plan proposé, divisée par la somme des masses.

114. Donc si le système change de position en général, ou si les diverses parties de ce système changent de position entr'elles, le chemin qu'aura fait le centre de gravité pour se rapprocher de ce même plan, sera égal à la somme des produits de chacune des masses, par le chemin qu'elle aura fait pour se rapprocher de ce plan, divisée par la somme de ces mêmes masses; et si parmi ces corps quelques-uns s'éloignoient au lieu de se rapprocher, il faudroit faire entrer négativement ces éloignemens dans l'égalité précédente.

115. Donc la vîtesse du centre de gravité d'un système quelconque de corps, soit que les diverses parties en soient liées ou non entr'elles; cette vîtesse, dis-je, estimée dans un sens quelconque, est égale à la somme des produits de chacune des masses par sa vîtesse estimée dans ce sens, divisée par la somme de ces masses, ou par la masse totale du système.

116. Donc *la somme des quantités de mouvement des différentes parties d'un système de corps, estimées dans un sens quelconque, est égale à la masse totale du système, multipliée*

par la vîtesse du centre de gravité, estimée dans le même sens, soit que les corps soient invariablement liés entr'eux ou non.

117. Concevons un systême quelconque de corps auxquels soient appliquées des forces quelconques. Décomposons chacune de ces forces en trois autres parallèles à trois axes donnés, perpendiculaires entr'eux ; le systême général des forces se trouvera ainsi réduit à trois systêmes de forces parallèles, et l'on pourra appliquer à chacun d'eux, ce que nous avons dit en général des propriétés d'un systême quelconque de forces parallèles entr'elles.

Soient A, B, C, D, &c. ces forces ; imprimons à chacun des corps qu'elles animent un mouvement quelconque ; nommons A', B', C', D', &c. les vîtesses respectives de chacun de ces corps, et de plus, désignons par $\widehat{A\,A'}$, $\widehat{B\,B'}$, $\widehat{C\,C'}$, &c. les angles compris entre la direction de la force de chaque mobile, et la direction de sa vîtesse ; c'est-à-dire, que la forme $\widehat{A\,A'}$ est prise pour exprimer l'angle compris entre les directions de A et A', ainsi des autres.

Enfin nommons a, *a*, *a* les trois forces dans lesquelles A est décomposée parallèlement aux trois axes donnés, et par a', *a'*, *a'*, les trois vîtesses dans lesquelles on peut décomposer la vîtesse A' parallèlement à ces mêmes axes ; ainsi des autres.

118. Il est prouvé en géométrie, que lorsque deux droites se croisent sous un angle quelconque, si l'on fait les projections de ces deux droites sur chacun des axes, le produit de ces deux droites par le cosinus de l'angle compris, est égal à la somme des trois produits de leurs projections sur chacun de ces axes.

Donc nous aurons

$$\mathrm{A}.\mathrm{A}'.\cos.\,\mathrm{A}\hat{\ }\mathrm{A}' = \mathrm{aa}' + aa' + \alpha\alpha',$$ et pareillement

$$\mathrm{B}.\mathrm{B}'.\cos.\,\mathrm{B}\hat{\ }\mathrm{B}' = \mathrm{bb}' + bb' + \beta\beta'$$

$$\mathrm{C}.\mathrm{C}'.\cos.\,\mathrm{C}\hat{\ }\mathrm{C}' = \mathrm{cc}' + cc' + \gamma\gamma'$$

&c. &c. &c.

Ces formules sont très-utiles dans la théorie de la mécanique, où l'usage le plus ordinaire est de rapporter les mouvemens du système considéré à trois axes perpendiculaires entr'eux.

Nouvelles conséquences résultantes des hypothèses établies précédemment ; accord de ces résultats avec d'autres faits généralement reconnus.

119. Les lois fondamentales de l'équilibre et du mouvement sont renfermées dans les hypothèses établies ci-dessus, et nous pourrions dès-à-présent passer à la seconde partie, dont l'objet est d'exprimer ces lois par des formules algébriques; mais il paroît plus convenable de faire

d'abord, en quelque sorte, pressentir ces résultats par la comparaison de quelques nouveaux faits généralement reconnus, avec les premières conséquences qui dérivent de ces hypothèses.

En réfléchissant sur les phénomènes les plus familiers, il arrive souvent qu'on entrevoit certains principes, auxquels sans doute il seroit dangereux de se livrer, avant que d'être parvenu à leur donner la précision et la rigueur mathématiques; mais qui n'en sont pas moins des indications précieuses du but vers lequel on doit diriger ces recherches. C'est ainsi qu'ont été successivement découverts la plupart des principes les plus importans et les plus usuels de la mécanique, tels que celui des vîtesses virtuelles, celui de la conservation des forces vives tant dans le choc des corps élastiques, que dans les systêmes de corps durs dont le mouvement change par degrés insensibles; celui de la position du centre de gravité au point le plus bas possible dans les machines à poids; celui de la moindre action dans les systêmes de corps animés de forces centrales, &c.

120. Ces principes ont été d'abord, en quelque sorte, apperçus dans le vague comme par instinct, et appuyés plutôt sur leur conformité avec les résultats particuliers, auxquels on arrivoit par d'autres voies, que sur des démonstra-

tions générales et rigoureuses. Mais les efforts que l'on a faits pour leur donner la perfection convenable, ont été utiles, et c'est ainsi qu'on est parvenu à les approprier au calcul, et à ramener toute la mécanique à de simples questions d'analyse. Ce coup-d'œil général sur ce qui doit être rigoureusement démontré dans la seconde partie de cet ouvrage, est l'objet de ce qui nous reste à dire dans celle-ci.

121. Il paroît d'abord que nous pouvons assez facilement généraliser la loi de l'équilibre dans le levier, en l'étendant à deux forces qui se font équilibre, par le moyen d'une autre machine quelconque.

Concevons en effet une machine quelconque sans ressort (fig. 15), à laquelle soient appliquées deux puissances P, Q; supposons que cette machine soit mise en mouvement, et passe d'une manière quelconque par la position où les forces P, Q se détruisent mutuellement, ou se seroient fait mutuellement équilibre, s'il n'y avoit pas eu un mouvement imprimé d'avance à la machine.

Soient $\overline{PP'}$, $\overline{QQ'}$ les espaces parcourus pendant un temps infiniment court en vertu de ce mouvement imprimé, par les points auxquels sont appliquées respectivement ces forces P, Q; ces espaces représenteront par conséquent les vîtesses de ces mêmes points ; et si des points P', Q' on abaisse des perpendiculaires $\overline{P'm}$, $\overline{Q'n}$ sur les directions $\overline{PA}$, $\overline{QB}$ de ces forces ; les lignes $\overline{Pm}$, $\overline{Qn}$ seront évidemment les vîtesses de ces mêmes points estimées dans le sens de ces forces.

Maintenant, à ces deux forces P, Q substituons par des poulies de renvoi A, B deux forces parallèles ; par exemple, deux poids *p*, *q* respectivement égaux à ces forces ; c'est-à-dire, qu'ayant pris sur les directions de ces forces des portions déterminées $\overline{PA}$, $\overline{QB}$, fixons aux points A, B des poulies sur lesquelles nous ferons passer les cordons PA*p*, QB*q*, dont les parties $\overline{Ap}$, $\overline{Bq}$ soient verticales : puis ayant suspendu aux points *p*, *q* des poids respectivement égaux à P, Q, supprimons ces dernières forces. Il est clair que l'équilibre ne sera pas troublé ; c'est-à-dire, qu'il y aura équilibre entre les deux poids *p*, *q*, de la même manière qu'il avoit lieu entre P, Q, et que la machine ne se mouvra qu'en vertu du mouvement précédemment acquis.

De plus, il est visible que les espaces $\overline{pp'}$, $\overline{qq'}$ décrits dans le temps infiniment court, pendant lequel les points d'application P, Q décrivent respectivement $\overline{PP'}$, $\overline{QQ'}$, seront respectivement égaux à P*m*, $\overline{Qn}$, c'est-à-dire aux vîtesses de ces points P, Q estimées dans le sens de ces forces; car le fil étant inextensible, on a $PAp = P'Ap'$. Otant de part et d'autre mAp, on aura

$$\overline{Pm} = \overline{pp'} + \left(\overline{P'A} - \overline{mA}\right);$$

mais $\overline{P'A}$ et $\overline{mA}$, ne diffèrent que d'une quantité infiniment petite du second ordre, puisque par hypothèse $\overline{P'm}$ est perpendiculaire à $\overline{PA}$: donc le second terme de l'équation précédente se réduit à $\overline{pp'}$; donc $\overline{Pm} = \overline{pp'}$, et par la même raison, $\overline{Qn} = \overline{qq'}$; c'est-à-dire, que $\overline{pp'}$ et $\overline{qq'}$ sont les vîtesses des forces P, Q estimées dans le sens de ces forces.

Cela posé, menons les droites $\overline{pq}$, $\overline{p'q'}$, et soit K le point d'intersection de ces droites. Supposons que les poids p, q soient fixés aux extrémités de cette droite, il est évident qu'on pourra la considérer comme un levier fixe en K, et qui pendant le petit mouvement qui le fait passer en $\overline{p'q'}$, ne peut rien changer à l'action réciproque des corps p et q. D'où il suit qu'il est indifférent que ces corps restent attachés à la première machine, ou qu'ils le soient au levier, et qu'on peut enfin substituer l'un à l'autre sans altérer l'équilibre entre les corps p, q.

Or par la loi de l'équilibre dans le levier, on a $p : q :: \overline{Kq} : \overline{Kp}$; ou parce que les rayons $\overline{Kp}$,

$\overline{Kq}$ sont proportionnels aux arcs infiniment petits $\overline{pp'}$, $\overline{qq'}$; $p : q :: \overline{qq'} : \overline{pp'}$. Donc puisque par hypothèse $p = P$, $q = Q$; et que de plus, il a été prouvé que $\overline{pp'} = \overline{Pm}$, $\overline{qq'} = \overline{Qn}$; la proportion deviendra $P : Q :: \overline{Qn} : \overline{Pm}$. C'est-à-dire que les forces P, Q sont en raison réciproque de leurs vîtesses estimées dans le sens de ces forces, quelle que soit la machine à laquelle ces deux forces sont appliquées.

C'est à cette proposition que revient ce qu'on nomme *le principe des vîtesses virtuelles,* ou le principe de Galilée, du nom de son célèbre inventeur.

122. Ce principe étoit trop beau, pour qu'on ne cherchât pas d'abord à le vérifier par l'examen de tous les cas particuliers qui pouvoient s'offrir, et ensuite à le généraliser, en l'étendant à un nombre quelconque de puissances simultanément appliquées à une même machine.

Or premièrement, on a pu voir aisément que l'expérience vérifioit ce principe dans toutes les machines appelées simples; savoir, la machine funiculaire, le levier, la poulie, le treuil, le plan incliné, la vis et le coin, et les raisonnemens plausibles suivant lesquels on trouve, par d'autres considérations, la loi d'équilibre dans chacune d'elles, ont confirmé ces résultats de l'expérience.

De-là ensuite, il a été facile de conclure, que la même loi devoit pouvoir s'appliquer à toute machine composée, à laquelle seroient appliquées deux puissances seulement, puisqu'il n'en est aucune qu'on ne puisse regarder comme l'assemblage de plusieurs machines simples, par le moyen desquelles l'action de la première force se communique de proche en proche jusqu'à la dernière.

Il ne reste donc plus qu'à savoir comment ce même principe peut s'appliquer à un systême quelconque de forces simultanément appliquées à une même machine.

Concevons diverses puissances quelconques P, Q, R, S, &c. (fig. 14) appliquées à une machine quelconque, et substituons comme ci-dessus, par une poulie de renvoi à chacune de ces puissances, un poids qui lui soit égal.

Soient p, q, r, s, &c. ces poids; menons entre deux d'entr'eux, comme p, q, une droite $\overline{pq}$ qui devienne $\overline{p'q'}$ par le mouvement des points d'application des forces P, Q. Il est clair, par ce qui a été dit pour le cas où il n'y a que deux forces dans le systême, que $\overline{pp'}$, $\overline{qq'}$ seront les vîtesses respectives de ces points d'application

P, Q estimées dans le sens de ces forces aussi désignées par P et Q.

Donc si l'on suppose que K soit le point d'intersection de $\overline{pq}$, $\overline{p'q'}$, et que les poids p, q soient fixés aux extrémités de cette droite $\overline{pq}$, on pourra la regarder comme un levier tournant librement autour du point fixe K, et qui ne gêne en aucune manière l'action réciproque des poids p et q.

De plus, comme nous sommes maîtres de la position des poulies de renvoi appliquées à chaque force, il est évident qu'en en employant, s'il le faut, deux par chaque puissance, nous pouvons faire tomber les poids substitués à ces puissances, non-seulement dans un même plan et sur une même ligne droite; mais encore sur tel point qu'on voudra de cette ligne droite.

Concevons donc qu'on amène, en effet, tous ces poids sur la droite $\overline{pq}$, et sur les points de ce levier, dont le mouvement déterminé, comme on vient de le voir par ceux des corps p, q, s'accorde avec ceux de ces nouveaux poids; c'est-à-dire, par exemple, que r tombe sur le point du levier qui ait la même vitesse dans le même sens que ce même poids r. Il est évident qu'on pourra ainsi imaginer tous les poids p, q, r, s, &c. attachés à ce même levier, dont le point fixe est en K, sans que l'action réciproque entre ces poids soit altérée. Il sera donc indifférent que ces poids restent attachés à la machine proposée ou au levier, et l'équilibre entr'eux aura lieu de la même manière qu'il existoit entre les forces P, Q, R, S, &c. dont ils tiennent lieu.

De plus, d'après ce qui a été dit pour le cas où il n'y a que deux forces dans le systême, les vîtesses des poids p, q, r, s, &c. sont respectivement égales à celles des points d'application P, Q, R, S, &c. estimées dans le sens des forces de mêmes dénominations : donc les poids étant supposés parcourir dans un temps infiniment court les petits espaces $\overline{pp'}$, $\overline{qq'}$, $\overline{rr'}$, $\overline{ss'}$, &c., ces petits espaces exprimeront les vîtesses des puissances P, Q, R, S, &c. estimées dans le sens de ces forces, en prenant négativement ceux de ces espaces qui sont dirigés de bas en haut; c'est-à-dire, qu'en nommant P', Q', R', S', &c. les vîtesses respectives de ces forces estimées en effet dans le sens de ces forces, on aura

$$P' = \overline{pp'},\ Q' = -\overline{qq'},\ R' = \overline{rr'},\ S' = -\overline{ss'},\ \&c.$$

Mais par la loi de l'équilibre dans le levier, auquel plusieurs puissances sont appliquées simultanément, nous avons

$$p \cdot \overline{pp'} - q \cdot \overline{qq'} + r \cdot \overline{rr'} - s \cdot \overline{ss'} = 0,$$

$$\text{ou } P \cdot P' + Q \cdot Q' + R \cdot R' + S \cdot S' + \&c. = 0.$$

C'est-à-dire, que quelle que soit la machine à laquelle peuvent être appliquées les forces P, Q,

R, S, &c. qui se détruisent mutuellement au moment où la machine passe par la position donnée ; la somme des produits de chacune de ces forces par sa vîtesse estimée dans le sens de cette force sera égale à zéro ; ce qui est le principe des vîtesses virtuelles étendu à un systême quelconque de puissances appliquées simultanément à une même machine. En effet, on nomme *vîtesses virtuelles* les vîtesses que prennent les points d'application des puissances, lorsqu'étant en équilibre, on vient à déranger infiniment peu cet équilibre. Or ce cas est renfermé dans celui que nous venons de considérer, puisque nous avons supposé que la machine pouvoit avoir un mouvement quelconque, même fini.

Lagrange, dans sa Mécanique analytique, part du principe des vîtesses virtuelles entre deux puissances seulement, comme d'une vérité fondamentale reconnue, et il entre en matière par étendre, ainsi que nous venons de le faire, mais par la marche purement analytique qu'il a adoptée dans ce bel ouvrage, ce principe à un systême quelconque de puissances qui agissent simultanément.

123. Supposons que toutes les forces proposées P, Q, R, S, &c. soient elles-mêmes des poids : chacun de ces poids sera égal au produit de la masse du corps par la gravité. Donc la gravité étant une

force accélératrice commune à tous et verticale, nous pouvons, du principe précédent, conclure que dans toute machine à poids en équilibre, la somme des produits de chaque masse par sa vîtesse virtuelle estimée de haut en bas dans le sens vertical, est égale à zéro. Mais on sait (116) que la vîtesse du centre de gravité de haut en bas, est cette même somme divisée par celle des masses. Donc, dans le cas d'équilibre, dans une machine à poids quelconque, la vîtesse virtuelle du centre de gravité estimée dans le sens vertical, est o. D'où suit le fameux principe indiqué par Toricelly, disciple de Galilée, que dans toute machine à poids en équilibre, le centre de gravité est au point le plus bas possible; et en effet, si le centre de gravité est au point le plus bas possible, il ne pourra pas descendre; et comme il répugne à la nature des corps graves qu'il monte, sa vîtesse sera o conformément au principe énoncé ci-dessus.

124. Cette belle proposition étant, comme on le vient de voir, déduite des hypothèses établies ci-dessus comme lois fondamentales de l'équilibre et du mouvement, nous offre un moyen précieux de vérifier l'exactitude de ces hypothèses. Car quoique cette vérité soit assez difficile à démontrer rigoureusement, elle est cependant de nature à être facilement pressentie

et à recevoir l'assentiment général par son seul énoncé, d'après les expériences journalières qui la confirment. En effet, nous voyons, par exemple, que l'eau stagnante se tient toujours de niveau ; ce qui ne sauroit visiblement avoir lieu si son centre de gravité n'étoit au point le plus bas possible. Nous voyons qu'un corps isolé placé sur une surface courbe, cherche le point le plus bas de cette surface, et qu'il y demeure lorsqu'il y est placé. Or comme nous savons que dans le cas d'équilibre d'un système de corps on peut considérer toutes ses parties comme ne formant, pour ainsi dire, qu'une seule masse réunie au centre de gravité, nous concluons naturellement, que dans le cas d'équilibre, le centre de gravité général doit en effet se trouver au point le plus bas possible, quelle que soit la machine à laquelle les différens points du système seroient appliqués.

125. En examinant ce principe avec plus d'attention encore, on demeure de plus en plus convaincu de sa justesse et de son importance : car voici le raisonnement très-plausible qui se présente à ce sujet, directement et sans remonter aux principes fondamentaux.

Imaginons une machine à laquelle il n'y ait d'autres forces appliquées que des poids : je la suppose d'ailleurs d'une forme et d'une construction quelconque, mais sans qu'on lui ait imprimé aucun mouvement. Cela posé, quelle que soit la disposition des corps du systême, il est clair que s'il y a équilibre, la somme des résistances des points fixes ou obstacles quelconques estimées dans le sens vertical contraire à la pesanteur, sera égale au poids total du systême. Mais s'il naît un mouvement quelconque, une partie de la pesanteur sera employée à le produire, et ce n'est qu'avec le surplus que les points fixes pourront se trouver chargés. Donc, dans ce cas, la somme des résistances verticales des poids fixes sera moindre au premier instant que le poids total du systême; donc de ces deux forces combinées, savoir le poids total du systême et la charge verticale des points fixes, il en résultera une seule force égale à leur différence, et qui poussera le systême de haut en bas comme s'il étoit libre; donc le centre de gravité descendra nécessairement avec une vîtesse égale à cette différence divisée par la masse totale du systême; donc si le centre de gravité ne descend pas, il y aura nécessairement équilibre. Donc en général,

Pour s'assurer que plusieurs poids appliqués à une machine quelconque doivent se faire mutuellement équilibre, il suffit de prouver que si l'on abandonne cette machine à elle-même, le centre de gravité du systême ne descendra pas.

126. La conséquence immédiate de ce principe vrai sans exception, est que si le centre de gravité du système est au point le plus bas possible, il y aura nécessairement équilibre; car suivant cette proposition, il suffit, pour le prouver, de faire voir que le centre de gravité ne descendra pas; or comment descendroit-il, puisque par hypothèse, il est au point le plus bas possible?

127. On peut remarquer qu'il ne seroit pas exact de dire, que réciproquement toutes les fois qu'il y a équilibre, le centre de gravité est nécessairement au point le plus bas possible; car il pourroit se faire qu'il fût au contraire au point le plus haut, ou que même il ne se trouvât ni au point le plus haut, ni au point le plus bas: ce sont, comme l'on sait, des exceptions assez ordinaires dans la théorie des *maxima* et *minima*. Mais le principe, tel que nous l'avons énoncé ci-dessus, a l'avantage de n'être sujet à aucune exception.

128. Comme ce principe s'offre en quelque sorte de lui-même à l'esprit, on doit le regarder comme très-important, attendu qu'avec une légère réflexion, on voit qu'il indique très-clairement le principe des vîtesses virtuelles, qui est avec raison regardé comme fondamental, et contenant en quelque sorte à lui seul toutes les

lois de l'équilibre et du mouvement. Or ce principe n'est guère que celui du centre de gravité placé au point le plus bas possible dans les machines à poids légèrement modifié. Ce dernier principe est donc très-précieux, en ce qu'il met sur la voie des recherches qui doivent être faites pour trouver et constater celui des vîtesses virtuelles, puisqu'en effet, pour ramener toute machine quelconque à une machine à poids, il n'y a qu'à substituer un poids à chacune des autres forces, au moyen d'une poulie de renvoi. Le centre de gravité sera alors au point le plus bas possible, ou plus exactement, il sera dans une position telle, que quelque mouvement infiniment petit qu'on imprime à la machine, le centre de gravité ne descendra pas. Donc la somme des produits de chacun de ces poids par le chemin vertical qu'il décrira, sera égale à zéro. Mais il est visible (122) que chacun de ces produits est égal à celui de la force dont ce poids tient lieu, multipliée par sa vîtesse estimée dans le sens de cette force. Donc la somme des produits de chacune des forces proposées, multipliée par sa vîtesse estimée dans le sens de cette force, est égale à zéro ; ce qui est précisément le principe des vîtesses virtuelles appliqué à un nombre quelconque de forces.

129. Donc si plusieurs masses M animées chacune d'une force accélératrice p se font mu-

tuellement équilibre autour d'une machine quelconque sans ressort, que V soit la vîtesse de M en vertu du mouvement acquis, z l'angle compris entre les directions de p et V, la force motrice pM représentera chacune de celles qui sont appliquées à la machine; V cos. z, sa vîtesse estimée dans le sens de cette force; et par conséquent suivant le principe des vîtesses virtuelles, on aura $\int p \text{MV} \cos. z = 0$: formule dans laquelle la caractéristique $\int$ signifie *l'intégrale* ou *la somme de*.

130. Cette formule n'est pas seulement applicable aux forces motrices ou de pression, mais elle doit l'être pareillement aux forces de percussion, puisque les unes et les autres sont soumises aux mêmes lois, et de-là pourront se déduire les lois générales du choc des corps.

En effet, supposons que plusieurs corps durs viennent à se choquer d'une manière quelconque, soit M la masse de chacun d'eux, W sa vîtesse avant le choc, V sa vîtesse après le choc, U la vîtesse qu'il perd par le choc, et z l'angle compris entre V et U.

Les forces qui se détruisent, et qui dans la formule précédente étoient exprimées par pM, le seront dans ce cas-ci par MU; donc la formule deviendra pour tout le systême $\int \text{MUV} \cos. z = 0$.

131. Maintenant, comme W est la résultante de V et de U, ces trois vîtesses seront représen-

tées par les trois côtés d'un triangle dont l'angle opposé à W est le supplément de z : donc on aura $W^2 = V^2 + U^2 + 2VU \cos. z$. Multipliant tout par M, et intégrant, on aura

$$\int MW^2 = \int MV^2 + \int MU^2 + 2\int MUV \cos. z.$$

Mais on vient de voir que le dernier terme de cette équation est o ; donc elle se réduit à

$$\int MW^2 = \int MV^2 + \int MU^2 ;$$

propriété qui doit appartenir à tout système de corps durs, soit qu'ils se choquent immédiatement ou par l'entremise d'une machine quelconque sans ressorts.

132. Cette dernière formule nous fournit de nouveaux moyens de vérifier les hypothèses d'où nous l'avons tirée ; car d'abord, si nous l'appliquons au choc direct de deux corps durs, nous trouverons les résultats d'accord avec les faits constatés par les raisonnemens les plus directement applicables à ce cas particulier.

Ensuite si nous supposons qu'il s'agisse d'un système quelconque de corps durs dont le mouvement change par degrés insensibles, nous voyons que U étant alors infiniment petite, U^2 est infiniment petite du second ordre ; d'où il suit que la formule se réduit à $\int MW^2 = \int MV^2$; c'est-à-dire, qu'alors la somme des forces vives n'est point altérée ; principe fameux découvert par Huyghens, et que les phénomènes ont toujours confirmé long-temps avant qu'on en eût la démonstration générale.

133. Enfin, en observant que dans le choc des corps durs, la quantité de mouvement MU absorbée par le choc, est restituée par les ressorts dans le sens contraire, lorsque les corps sont parfaitement élastiques, on entrevoit que dans ce dernier cas, $\int MV^2$ doit être plus grande que dans le premier, de cette même quantité $\int MU^2$, qui détruite dans le premier cas, est restituée dans le second; c'est-à-dire, qu'au lieu d'avoir comme dans le cas des corps durs,

$$\int MV^2 = \int MW^2 - \int MU^2,$$

on devra avoir pour les corps élastiques,

$$\int MV^2 = \int MW^2.$$

Donc dans le cas des corps parfaitement élastiques, il ne doit y avoir aucune déperdition de forces vives, en quelque nombre que soient d'ailleurs les corps du systême. Or on connoît depuis long-temps ce fait par analogie, d'après ce qui a lieu entre deux corps seulement, quoiqu'il n'y en eût pas de démonstration générale.

134. Ces résultats de nature si différente en apparence, et cependant tous concordans avec les hypothèses proposées, doivent nous donner dans la justesse de ces hypothèses, une confiance aussi entière qu'il est possible de l'espérer, dans une science qui est nécessairement fondée en

partie sur l'expérience. Nous regarderons donc désormais ces hypothèses, et les raisonnemens qui les appuient, comme confirmés les uns par les autres, et comme pouvant servir de bases à la théorie de l'équilibre et du mouvement. Et en nous fondant sur ces bases avec tous les Géomètres, nous essaierons de démontrer en rigueur les conséquences dont nous venons de donner l'apperçu, et nous en déduirons les formules analytiques de l'équilibre et du mouvement.

SECONDE PARTIE.

Développement des hypothèses établies précédemment comme lois de la nature. Expression de ces lois par des formules algébriques. Considérations générales sur les forces mouvantes appliquées aux machines.

135. Les notions exposées précédemment tenoient de trop près aux idées primitives, et aux sensations avec lesquelles elles sont en quelque sorte identifiées, pour qu'il fût possible d'asseoir sur elles seules, et sans le concours de l'expérience, les principes fondamentaux de l'équilibre et du mouvement ; ou plutôt, ces notions n'étoient elles-mêmes que des commencemens d'expériences qu'il a fallu développer par de nouveaux faits et par divers rapprochemens, afin d'en pouvoir fixer la véritable signification, d'en écarter le vague et de donner enfin aux principes qui en dérivent, la précision qui leur est nécessaire pour recevoir l'application du calcul, et pour être classés au nombre des vérités mathématiques. Maintenant nous allons essayer de traduire en effet, ces principes en formules algébriques. Nous avons déjà donné un apperçu

de ces résultats à la fin de la première partie. Il ne s'agit ici que de démontrer ces résultats d'une manière rigoureuse par le seul raisonnement, en partant des hypothèses établies ci-dessus, et d'en déduire les conséquences les plus générales. Nous commencerons par le choc des corps, soit immédiat, soit opéré par l'entremise d'une machine. Nous en déduirons ensuite, comme cas particulier, les lois du mouvement d'un système de corps, lorsque ce mouvement change par degrés insensibles. Cette théorie renfermera donc tous les principes fondamentaux de la communication des mouvemens, et par conséquent, de la mécanique elle-même; car, ainsi que nous l'avons déjà observé, on ne considère, en mécanique, aucune force qui ne réside effectivement dans les corps, c'est-à-dire, qui ne soit réellement une quantité de mouvement déjà produite.

DÉFINITIONS.

136. *Tout mouvement, qui imprimé à un systéme de corps ne change rien à l'intensité de l'action qu'ils exercent ou pourroient exercer les uns sur les autres si on leur imprimoit d'autres mouvemens quelconques, sera nommé mouvement géométrique.*

La vitesse que prend alors chaque mobile, sera nommée sa vitesse géométrique.

Ainsi, par exemple, si lorsque deux corps sont

au moment de se heurter, on leur imprime un mouvement commun, il est clair qu'on ne changera rien à l'intensité du choc qui doit avoir lieu; car (73, 5e *hyp.*) ces deux corps n'agissent point l'un sur l'autre en vertu de leurs vîtesses absolues, mais seulement en vertu de leur vîtesse relative. Or le mouvement commun qui leur a été imprimé n'altère point cette vîtesse relative, mais seulement les vîtesses absolues. Donc l'intensité du choc reste la même : ainsi ce mouvement commun imprimé à tout le systême, est de ceux que je viens de nommer *mouvemens géométriques.*

137. Il en seroit de même, si les deux corps au lieu d'agir immédiatement l'un sur l'autre par choc ou par pression, se poussoient par une verge ou se tiroient par un fil : tout mouvement qui seroit commun à ces deux corps ne changeroit rien à leur vîtesse relative, ni par conséquent à leur action réciproque, et seroit par conséquent un *mouvement géométrique.*

La même chose auroit lieu encore, si au lieu de deux corps seulement il s'agissoit d'un systême quelconque de corps parfaitement libre dans l'espace; c'est-à-dire, qui ne seroit gêné par aucun point ou obstacle fixe, et dont toutes les parties seroient emportées d'un mouvement commun. Ce mouvement commun ne changeroit rien aux vîtesses relatives des corps qui entreroient dans la composition du système, ni par conséquent à l'action qu'ils pourroient exercer les uns sur les autres, et ce mouvement commun seroit par conséquent un *mouvement géométrique*.

138. Enfin, non-seulement l'action exercée par les corps du système les uns sur les autres, n'est pas changée par ce mouvement commun; mais toute autre action qui pourroit avoir lieu entr'eux, demeureroit également indépendante de ce mouvement; car cette action, quelle qu'elle fût, ne dépendroit toujours que des vîtesses relatives. Or ces vîtesses relatives ne sont point altérées par le mouvement commun. Voilà pourquoi il est dit dans la définition, *l'action que les corps exercent ou pourroient exercer les uns sur les autres*. C'est qu'il ne s'agit pas seulement de l'action réellement exercée, mais encore de toutes celles qui pourroient l'être, eu égard à la disposition respective des parties du système, si on venoit à leur imprimer d'autres vîtesses relatives que celles qu'ils ont. Ainsi la définition a lieu, soit que les corps agissent réellement les uns sur les autres, soit qu'ils demeurent en simple juxtaposition.

139. Les mouvemens communs à toutes les parties d'un système de corps, ne sont pas les seuls auxquels, d'après la définition précédente,

on peut appliquer le nom de *mouvemens géométriques* : il en est une infinité d'autres qui n'altèrent pas davantage l'action réciproque que les corps exercent ou pourroient exercer les uns sur les autres.

Que, par exemple, deux corps A, B soient attachés (fig. 15) aux extrémités d'un levier mobile autour d'un point fixe C. Si l'on imprime en même temps aux corps A, B les vîtesses circulaires $\overline{Aa}$, $\overline{Bb}$, perpendiculaires et proportionnelles à leurs bras de levier respectifs $\overline{AC}$, $\overline{BC}$, dans un même plan et en sens opposé; il est clair que ces vîtesses ne se gêneront point l'une l'autre, que par conséquent elles ne tendront ni à augmenter ni à diminuer l'action respective qu'exercent réellement d'ailleurs, ou que pourroient venir à exercer ces deux corps l'un sur l'autre, soit en vertu de la pesanteur, par exemple, ou d'une autre manière quelconque. Donc ce mouvement de rotation du levier est de ceux que j'ai nommés *mouvemens géométriques*.

140. Que A, B soient deux corps attachés aux extrémités d'une corde qui passe sur une poulie fixe (fig. 16), et dont les deux cordons soient verticaux. Qu'on imprime au corps A, par exemple, une vîtesse quelconque de haut en bas, et au corps B une vîtesse égale de bas en haut. Il

est clair que quelle que soit, ou quelle que puisse être l'action transmise par la corde de l'un de ces corps à l'autre, cette action ne sera point altérée par les vîtesses imprimées aux corps A et B. Donc ce mouvement imprimé au système sera de ceux que j'ai nommés *mouvemens géométriques*.

141. Que A, B soient deux mobiles attachés aux extrémités d'un fil qui passe (fig. 17) dans un anneau coulant C; qu'on imprime à ces corps des vîtesses telles, qu'étant animés de ces vîtesses seules, ils se mouvroient suivant les lignes quelconques $\overline{Aa}$, $\overline{Ab}$, telle qu'au bout d'un temps infiniment court, on auroit $aCb = ACB$; le mouvement sera *géométrique :* car un semblable mouvement seul ne tendant ni à alonger le fil, ni à le raccourcir. ne peut ni augmenter ni diminuer sa tension, et ne change par conséquent rien à l'action que les corps pourroient d'ailleurs exercer l'un sur l'autre. Donc il est de ceux que j'ai nommés *mouvemens géométriques*.

142. Qu'on ait une vis verticale avec son écrou; qu'on fasse monter uniformément cet écrou de la hauteur d'un pas de la vis, pendant qu'on fera faire aussi uniformément un tour entier à la barre qui traverse la vis. Ces deux mouvemens s'accorderont de telle sorte, qu'ils ne pourront se gêner l'un par l'autre. Donc ils ne pourront altérer en

aucune manière l'action que pourroient d'ailleurs exercer l'un sur l'autre l'écrou, et le mobile qu'on auroit attaché à l'extrémité de la barre. Donc le mouvement imprimé au système est de ceux que j'ai nommés *mouvemens géométriques*.

143. Enfin supposons qu'à tous les angles d'un polygone ABCDE (fig. 18), plan ou gauche, soient appliqués des corps A, B, C, D, E, unis soit par des verges, soit par des fils, représentés par les côtés de ce même polygone, et mobiles autour des sommets des angles comme autour d'une charnière. Si l'on fait prendre à ce polygone une forme *abcde* infiniment peu différente de la première, mais telle que chacun des côtés conserve toujours exactement sa longueur, c'est-à-dire, telle que l'on ait toujours $\overline{AB} = \overline{ab}$, $\overline{BC} = \overline{bc}$, &c. ce mouvement sera géométrique; c'est-à-dire, que les vîtesses représentées par $\overline{Aa}$, $\overline{Bb}$, $\overline{Cc}$, $\overline{Dd}$, $\overline{Ee}$, ne changeront rien à l'action réciproque que les corps du système peuvent d'ailleurs exercer les uns sur les autres. Car le corps A, par exemple, ne peut avoir d'action immédiate que sur les corps B, E placés aux angles voisins, et cette action sur chacun d'eux ne dépend que de leur vîtesse relative. Mais puisque par hypothèse on a $\overline{AB} = \overline{ab}$, $\overline{AE} = \overline{ae}$, les vîtesses relatives de A et B ne

changent pas, non plus que celle de A et E. Donc l'action de A sur B, et celle de A sur E, ne changent pas non plus. Il en est de même de tous les corps du système comparés deux à deux, lorsqu'ils ont l'un sur l'autre une action immédiate. Quant aux actions respectives qui ne sont point immédiates, telles que celle de A sur C, il est inutile de les considérer ; car l'action de A sur C se transmet toujours (73) de l'un à l'autre par une suite d'actions immédiates ; savoir, d'un côté, par l'action immédiate de A sur B, puis par celle de B sur C, et de l'autre, par l'action immédiate de A sur E, puis par celle de E sur D ; puis enfin par celle de D sur C. L'action de A sur C se résout donc toujours en une suite d'actions directes ; et par conséquent, lorsqu'on a tenu compte de toutes celles-ci, il est inutile de considérer les autres. Donc enfin le mouvement qui résulte du changement de forme du polygone, tel qu'il est indiqué ci-dessus, ne tend en aucune manière, ni à augmenter ni à diminuer l'intensité de l'action respective des corps du système : donc ce mouvement est de ceux que j'ai nommés *mouvemens géométriques*.

144. Il me semble que par ces explications, la nature des mouvemens que je nomme *géométriques*, doit être parfaitement entendue. Elle s'applique sans distinction à toutes les espèces de

corps durs, mous, élastiques, solides ou fluides. Cette dénomination de *mouvemens géométriques*, est fondée sur ce que les mouvemens dont il s'agit n'ayant aucun effet sur l'action qui peut s'exercer entre les corps du système, sont absolument indépendans des règles de la dynamique. Car si l'on conçoit un système dont toutes les parties soient en simple repos, et non en équilibre ; c'est-à-dire tel qu'il n'y ait entre les parties contiguës qu'une simple juxta-position, sans choc, pression ou action quelconque de l'une sur l'autre ; alors quelque mouvement géométrique qu'on fasse prendre au système, ce mouvement n'éprouvera aucune altération, puisque si une portion quelconque de ce mouvement étoit détruite, ce ne pourroit être que parce que les corps ne pourroient le prendre sans se gêner les uns les autres ; c'est-à-dire, sans exercer les uns sur les autres une action quelconque. Or cela est contre l'hypothèse, puisqu'il est de la nature des mouvemens géométriques de ne faire naître aucune action des corps les uns sur les autres. Ces mouvemens sont donc absolument indépendans des règles de la dynamique : ils ne dépendent que des conditions de la liaison entre les parties du système, et peuvent par conséquent se déterminer par la seule géométrie ; c'est pour cela que je les nomme *mouvemens géométriques*.

145. La théorie des *mouvemens géométriques* est très-importante ; c'est, comme je l'ai déjà observé ailleurs (*Géométrie de position*, page 337), une espèce de science intermédiaire entre la géométrie ordinaire et la mécanique. C'est la théorie des mouvemens que peut prendre un systême quelconque de corps sans qu'ils se gênent réciproquement, sans qu'ils exercent l'un sur l'autre aucune action ni réaction quelconque. Cette science n'a jamais été traitée spécialement : elle est entièrement à créer, et mérite, tant par sa beauté en elle-même que par son utilité, toute l'attention des Savans ; car les grandes difficultés analytiques qu'on rencontre dans la mécanique, et sur-tout dans l'hydraulique, viennent uniquement de ce que la théorie des mouvemens géométriques n'est point faite. Je me bornerai ici à rechercher les principales propriétés de ces mouvemens, en tant qu'elles me sont nécessaires pour l'ouvrage que j'ai entrepris.

THÉORÊME PREMIER.

146. *Lorsque deux corps agissent l'un sur l'autre par choc, pression ou traction, c'est toujours ou immédiatement, en vertu de leur contiguité, ou par une suite d'autres corps contigus interposés entre les premiers, et qui transmettent l'action de proche en proche par une*

suite d'actions immédiates entre ces corps intermédiaires contigus.

Cette proposition est une suite de la cinquième hypothèse. Il semble d'abord que la contiguité ne soit pas toujours requise entre deux corps qui agissent immédiatement l'un sur l'autre, puisqu'il n'existe point de pareille communication, lorsque, par exemple, les deux corps se tirent par un fil, ou se poussent par une verge, ou se contre-balancent par un levier immatériel, quoiqu'alors l'action soit regardée comme immédiate entre ces corps. Mais il faut remarquer qu'il n'existe réellement dans la nature ni fil, ni verge, ni levier, ni machines quelconques immatériels. Tout cela n'a été imaginé que par forme d'abstraction, pour aider à concevoir l'action particulière et réciproque des corps appliqués à ces machines, que l'on considère alors comme des portions de matière dépouillées de leur force d'inertie. Mais le fait est qu'il n'existe point de semblable matière, et que la nature ne nous offre que des corps réels, agissant immédiatement les uns sur les autres, par *choc*, *pression* ou *traction*. Si deux corps sont détachés l'un de l'autre, ils ne peuvent que se heurter ou se presser; s'ils sont adhérens, ils ne peuvent que se presser ou se tirer.

S'ils ne sont pas contigus, ils ne peuvent agir l'un sur l'autre qu'au moyen des corps interposés entr'eux, qui leur transmettent de proche en proche leurs actions respectives, mais toujours par voie de choc, de pression ou de traction immédiate. Par exemple, si M est séparé de N par les corps A, B, C, D, de manière que M soit contigu à A, A à B, B à C, C à N; l'action de M sur N passera d'abord de M à A, puis de A à B, puis de B à C, puis de C à N.

En un mot, les phénomènes de la nature dans le choc, ne nous offrent que des actions immédiates entre des corps réels et doués de leur inertie.

L'abstraction que l'on fait de la force d'inertie de telle ou telle partie de matière, peut être, et est en effet, souvent utile pour l'examen de tel ou tel cas particulier; mais dans la recherche des lois générales de l'équilibre et du mouvement, il est plus simple de considérer les corps tels que la nature nous les offre en effet, parce qu'il n'y a alors qu'une sorte d'êtres à considérer dans le systême.

Lorsque les lois générales sont une fois établies, on fait sans difficulté toutes les abstractions que l'on veut; on n'a pour cela qu'à supposer que telle ou telle partie du systême n'a qu'une masse infiniment petite, ou est d'une densité infiniment petite: alors, en négligeant cette masse infiniment petite dans le calcul, on parvient au résultat qu'on auroit obtenu, si l'on avoit supposé d'abord la machine immatérielle;

et c'est ainsi que la recherche des lois de la nature acquiert de la simplicité en se généralisant.

147. Il n'y a pas non plus de points absolument fixes dans la nature; mais comme il en existe dont le mouvement est insensible et inappréciable pour nous, on le suppose nul en effet, soit en considérant quelques-uns des corps du système comme réellement et absolument fixes, soit en considérant ces mêmes corps comme contenant une masse infiniment grande sous un volume fini, ou comme étant d'une densité infinie.

Ainsi la proposition énoncée est rigoureusement vraie, et il faut, dans le procédé que nous suivrons pour arriver à la connoissance des lois générales de la communication des mouvemens, considérer les cordes, les leviers et toutes les machines quelconques, comme de véritables corps qui ne diffèrent en rien des corps ordinaires.

THÉORÈME II.

148. *Lorsqu'un système de corps prend un mouvement quelconque géométrique, que ce système soit parfaitement libre ou gêné par des obstacles, il est toujours possible de lui en faire prendre un autre pareillement géométrique, absolument égal au premier, et dans le sens diamétralement opposé.*

C'est-à-dire, que quelle que soit la vitesse

qu'aura chacun des corps du systême au premier instant, il sera toujours possible de supprimer tout-à-coup ces vîtesses, et de les remplacer par d'autres vîtesses égales et diamétralement opposées chacune à chacune de celles qu'on aura supprimées : et de plus, le nouveau mouvement qui résultera de ce changement, sera géométrique aussi bien que le premier.

En effet, dans l'action réciproque des corps qui entrent dans la composition d'un systême quelconque, chacun d'eux agit sur ceux qui lui sont contigus, et ceux-ci transmettent de proche en proche cette action aux autres, de manière qu'on ne doit toujours avoir égard qu'à l'action immédiate qui s'exerce entre les corps contigus (73). Or l'intensité de l'action qu'exerce un corps quelconque sur chacun de ceux qui lui sont contigus, dépend uniquement de leur vîtesse respective. Donc le mouvement géométrique ne changeant rien à cette action réciproque, ne change rien non plus à cette vîtesse respective. Donc ces deux corps contigus ne tendent pas à se rapprocher ou à s'éloigner l'un de l'autre au premier instant, plus qu'ils ne le feroient si ce mouvement géométrique étoit supprimé. Donc le mouvement diamétralement opposé à ce mouvement géométrique, ne tend également ni à rapprocher ni à éloigner ces deux corps l'un de l'autre : donc il ne change rien non plus que le premier à l'intensité de l'action qui s'exerce entre ces deux corps contigus. Donc ce second mouvement est lui-même de ceux que j'ai nommés *mouvemens géométriques*, et doit par conséquent avoir lieu sans altération, puisqu'il est de la nature de ces mouvemens, de ne jamais obliger les divers corps du systême à se gêner les uns les autres. *Ce qu'il falloit prouver.*

149. Que, par exemple, deux corps A, B viennent à la rencontre l'un de l'autre, et qu'il en résulte un choc : imprimons à l'instant du choc au systême, un mouvement commun suivant la ligne des centres. Ce mouvement commun sera (136) un mouvement géométrique. Aussi est-il évident que le mouvement égal et diamétrale ent opposé, seroit également un mouvement possible et géométrique. Mais si au lieu de ce premier mouvement commun on imprimoit à B, par exemple, dans le sens $\overline{AB}$, une vîtesse plus grande que celle qu'on imprimeroit en même temps à A, ce mouvement, quoique possible, ne seroit pas géométrique; car pour que le systême prît un mouvement égal et diamétralement opposé, il faudroit que B pût prendre dans le sens de $\overline{BA}$ une vîtesse plus grande que celle de A; ce qui est évidemment impossible, à cause de l'impénétrabilité des corps.

De même, si deux corps A, B séparés par un fil inextensible, se tiroient et se mouvoient d'une manière quelconque, de manière que le fil restât toujours tendu, le mouvement réel et non détruit, considéré à un instant quelconque, seroit nécessairement géométrique; car c'est le mouvement détruit qui tend le fil. Ainsi le mouvement réel et non détruit, le seul que par hypothèse on considère ici, n'augmente ni ne diminue l'action réciproque des corps : donc il est de ceux que nous avons nommés géométriques. Aussi est-il évident que le mouvement égal et diamétralement opposé est possible et géométrique; car il ne peut être altéré par l'action et la réaction des corps qui se détruisent l'un l'autre, et réciproquement, il ne sauroit les altérer, puisqu'il ne tend pas plus que celui qui lui est égal et diamétralement opposé, à rapprocher ou à éloigner l'un de l'autre les deux mobiles A et B.

THÉORÈME III.

150. *Si deux mouvemens géométriques sont imprimés à la fois à un même système de corps; que ce système soit parfaitement libre ou géné par des obstacles, le mouvement résultant des deux sera également un mouvement géométrique.*

Car les corps contigus du systême, par lesquels

le mouvement se propage de proche en proche, considérés deux à deux, ne tendent à se rapprocher ou à s'éloigner, ni en vertu du premier, ni en vertu du second des deux mouvemens composans; puisque par hypothèse l'un et l'autre sont géométriques. Donc ils ne tendent non plus ni à se rapprocher ni à s'éloigner, en vertu du mouvement résultant de ces deux premiers. Donc ce mouvement composé ne change rien aux vîtesses respectives de ces corps contigus considérés deux à deux, c'est-à-dire de ceux qui peuvent agir immédiatement l'un sur l'autre. Donc il ne peut altérer leur action réciproque; donc il est de ceux que j'ai nommés *mouvemens géométriques*. Ce qu'il falloit prouver.

COROLLAIRE PREMIER.

151. Il en sera de même évidemment, si au lieu des deux mouvemens géométriques imprimés on en imprimoit tout-à-la-fois un nombre quelconque, pourvu qu'ils fussent tous géométriques.

COROLLAIRE II.

152. Donc réciproquement si l'on décompose un mouvement géométrique en deux autres, dont l'un soit aussi un mouvement géométrique, l'autre sera également un mouvement géométrique, et l'on peut ainsi décomposer un mouvement quel-

conque géométrique, en tant d'autres mouvemens géométriques que l'on voudra.

THÉORÊME IV.

153. *Dans un systéme quelconque de corps durs, s'il survient un choc ou une action instantanée quelconque, soit immédiate, soit par le moyen d'une machine quelconque sans ressort ; le mouvement que prendra le systéme après le choc, sera nécessairement un mouvement géométrique.*

Car (73) les corps contigus qui seuls agissent immédiatement l'un sur l'autre, et par lesquels se propage le mouvement de proche en proche, ont deux à deux après le choc, la même vîtesse dans la ligne de leur action réciproque; c'est-à-dire, qu'ils ont après le choc une vîtesse relative nulle. Donc les mouvemens dont ils sont animés après le choc, c'est-à-dire leurs mouvemens réels et non détruits par le choc, ne peuvent produire aucune nouvelle action entre ces corps. Donc le mouvement du systême après le choc est géométrique. *Ce qu'il falloit prouver.*

THÉORÊME V.

154. *Tout mouvement géométrique imprimé à un systéme quelconque de corps, est reçu par ce même systéme sans aucune altération.*

Car ce mouvement géométrique ne pouvant, par la définition, rien changer à l'action exercée par les corps les uns sur les autres, ne peut à son tour éprouver de cette action réciproque aucune influence. En effet, tout corps, à moins qu'il ne soit gêné par les corps voisins, obéit pleinement à la force quelconque qui lui est imprimée. Donc cette quantité de mouvement imprimée est reçue sans altération, tant qu'elle peut avoir lieu sans rien changer elle-même à l'action réciproque des corps les uns sur les autres. Or tel est le caractère distinctif des mouvemens dits géométriques : donc tout mouvement géométrique doit être en effet reçu par le système sans aucune altération. *Ce qu'il falloit prouver.*

COROLLAIRE III.

155. Si le système est déjà animé d'un autre mouvement géométrique ou indépendant de l'action réciproque des corps, et par conséquent susceptible également d'être pris sans altération, il se combinera avec le nouveau mouvement imprimé, et le mouvement résultant des deux sera celui qu'aura réellement le système après le choc ou action quelconque.

THÉORÈME VI.

156. *Dans un système de corps durs agissant les uns sur les autres, soit immédiatement, soit par l'entremise d'une machine quelconque*

sans ressort, si au moment où le choc va s'opérer, on décompose le mouvement général en deux autres, dont l'un soit celui qui doit avoir lieu après le choc, l'autre sera nécessairement celui qui doit être détruit, et ces deux mouvemens composans sont tels, que si le premier étoit seul, il seroit pris sans altération, et que si c'étoit le second qui fût seul, il y auroit équilibre dans le système général.

En effet, il est d'abord évident que si le mouvement du système avant le choc est décomposé en deux, dont l'un soit celui qui doit avoir lieu après le choc, l'autre sera celui qui doit être détruit : mais il faut examiner ce qui devroit avoir lieu, si le système étoit livré à chacun de ces mouvemens en particulier. Or par le théorême précédent, le mouvement qui doit avoir lieu après le choc, est nécessairement géométrique, et par conséquent (164) reçu sans altération. Ce qu'il falloit d'abord prouver. De plus, puisque ce premier mouvement est géométrique, il ne tend ni à rapprocher, ni à éloigner deux à deux les corps qui se choquent; donc l'action de ces corps ne sera point changée par la suppression de ce mouvement; donc puisque ces seconds mouvemens se détruisent de fait, ils se détruiroient de même, quand on supprimeroit les autres; c'est-à-dire ceux qui doivent avoir lieu. *Ce qui restoit à démontrer.*

COROLLAIRE IV.

157. Les deux mouvemens dans lesquels se décompose celui du système avant le choc, sont donc tellement indépendans l'un de l'autre, qu'en supprimant l'un, il arrive à l'autre la même chose exactement que si l'on n'avoit pas supprimé le premier.

C'est en cela que consiste le fameux principe de d'Alembert ; mais il est essentiel d'observer qu'il n'a lieu que pour les corps parfaitement durs et les machines sans ressort ; ce qui, ce me semble, n'a point été formellement remarqué. Si les corps étoient élastiques, le mouvement avant le choc se décomposeroit bien comme pour les corps durs en deux, dont l'un seroit le mouvement qui doit avoir lieu après le choc, et dont l'autre seroit détruit ; mais l'indépendance de ces mouvemens n'auroit pas lieu ; car si l'on supprimoit le premier seul, il n'y auroit pas équilibre. Cette indépendance des deux mouvemens est fondée sur ce que le mouvement qui doit avoir lieu après le choc est géométrique ; c'est-à-dire, ne tend ni à augmenter ni à diminuer l'intensité du choc ; et il n'est tel, que parce que les corps étant durs, leur vîtesse relative est nulle après le choc, et ne tend par conséquent ni à rapprocher les corps, ni à les éloigner ; ce qui n'a lieu pour les corps élastiques, dont la vîtesse relative après le choc n'est point o, mais égale à la vîtesse relative avant le choc (73).

THÉORÈME VII.

158. *Dans un système de corps durs agissant les uns sur les autres, soit immédiatement, soit par l'entremise d'une machine quelconque sans ressort, si au moment où le choc va s'opérer, on décompose le mouvement général en deux autres, dont l'un soit celui qui doit être détruit par le choc, et qu'à la place du second on substitue un autre mouvement quelconque géométrique, ce nouveau mouvement sera celui qui devra réellement alors avoir lieu après le choc.*

Car cette substitution consiste visiblement en deux autres opérations qui s'exécutent simultanément; savoir, 1°. la suppression du mouvement réel qui devoit avoir lieu après le choc; 2°. son remplacement par un autre mouvement géométrique. Or comme ces deux mouvemens partiels, l'un supprimé, l'autre imprimé, sont l'un et l'autre géométriques, ni l'un ni l'autre ne sauroit altérer l'action respective des corps; et réciproquement, l'action respective des corps n'influe en aucune manière sur eux. Donc les deux opérations doivent recevoir pleinement leur effet; c'est-à-dire, que le premier de ces mouvemens sera purement et simplement remplacé par l'autre, et par conséquent, ce dernier sera celui qui seul animera le systême général après le choc. *Ce qu'il falloit prouver.*

THÉORÊME VIII.

159. *La moindre force suffit pour rompre l'équilibre d'un systême de corps, quelles que soient d'ailleurs celles dont il est animé, pourvu que cette force soit employée à produire un mouvement géométrique; mais pour en produire un même infiniment petit qui ne soit pas géométrique, il faut nécessairement une force finie.*

Car dans le premier cas, la force imprimée n'ayant aucune influence sur celles qui se font équilibre dans le systême, n'a aucune résistance à surmonter que celle de l'inertie des corps. Or un corps en repos ne résiste par son inertie, qu'en se mouvant avec une force égale à celle qui lui est imprimée: donc dans ce cas la force imprimée, quelque petite qu'elle soit, fera naître un mouvement dans le systême.

Il n'en seroit pas de même, si cette force étoit employée à produire un mouvement non géométrique; car il faudroit alors, par hypothèse, qu'elle commençât par rompre la contiguité des corps, et que par conséquent elle surmontât préalablement la pression ou action quelconque de l'un sur l'autre ; ce qui ne peut avoir lieu qu'au moyen d'une force plus grande que cette pression, et qui soit par conséquent une force finie. *Ce qu'il falloit prouver.*

DÉFINITION.

160. *Lorsqu'il y a équilibre dans un système de corps, soit immédiatement, soit par l'entremise d'une machine quelconque sans ressort, et qu'on vient à déranger cet équilibre par l'action d'une force infiniment petite, la vitesse que prend alors chacun des corps du système, se nomme sa vitesse virtuelle, et le mouvement général du système se nomme alors son mouvement virtuel.*

THÉORÊME IX.

161. *Tout mouvement virtuel dans un système quelconque de corps est nécessairement géométrique.*

Car ce mouvement virtuel doit par sa définition être produit par une force infiniment petite dans le système en équilibre, mais par le théorême précédent, dans un système en équilibre, une force infiniment petite ne peut produire qu'un mouvement géométrique ; donc le mouvement virtuel produit quel qu'il soit, est nécessairement de ceux que nous avons nommés *mouvemens géométriques.* Ce qu'il falloit prouver.

COROLLAIRE.

162. Donc la recherche des mouvemens virtuels, dans un système quelconque de corps, ne dépend que des conditions de la liaison qui existe entre les parties du système, et nullement des règles de la mécanique, elle fait partie de la science que nous avons dite (145) intermédiaire entre la géométrie ordinaire et celle de la communication des mouvemens.

THÉORÊME X.

163. *Dans le choc de deux corps durs, soit que l'un et l'autre soient mobiles, ou qu'il y en ait un de fixe, la somme des produits de la quantité de mouvement perdue par chacun d'eux, multipliée par sa vîtesse après le choc, estimée dans le sens de cette quantité de mouvement, est égale à zéro.*

Soient A et B (fig. 20) les deux corps proposés. Je suppose que leurs vîtesses avant le choc soient représentées tant pour leurs grandeurs que pour leurs directions, respectivement par $\overline{AA'}$, $\overline{BB'}$; que les vîtesses après le choc le soient par $\overline{Aa}$, $\overline{Bb}$, et qu'enfin les vîtesses perdues par le choc le soient par $\overline{Aa'}$, $\overline{Bb'}$.

La vîtesse $\overline{AA'}$ sera donc la résultante de $\overline{Aa}$

et de $\overline{Aa'}$, et la vitesse $\overline{BB'}$ sera la résultante de $\overline{Bb}$ et de $\overline{Bb'}$.

De plus, puisque l'action et la réaction doivent être égales et contraires, les directions $\overline{Aa'}$, $\overline{Bb'}$ se trouveront sur une même ligne droite $\overline{AB}$, et l'on aura

$$A.\overline{Aa'} = -B.\overline{Bb'}. \qquad (A)$$

Mais par le principe de la vitesse relative après le choc égale à zéro pour les corps durs, comme on les suppose ici ; c'est-à-dire, de l'égalité de leurs vitesses estimées dans le sens de l'action de l'un sur l'autre ; $\overline{Aa}$ et $\overline{Bb}$, l'une et l'autre estimées dans le même sens $\overline{AB}$, doivent être égales ; c'est-à-dire, qu'on doit avoir l'équation

$$\overline{Aa}.\cos.\ aAa' = \overline{Bb}\cos.\ bBb'. \qquad (B)$$

Multipliant cette dernière équation par l'équation (A), et transposant, on aura

$$A.\overline{Aa}.\overline{Aa'}.\cos.aAa' + B.\overline{Bb}.\overline{Bb'}.\cos.bBb' = 0, (C), \text{ou}$$

$$(A.\overline{Aa'})(\overline{Aa}.\cos.\ aAa') + (B.\overline{Bb'})(\overline{Bb}.\cos.\ bBb') = 0, (D).$$

Or A $\overline{Aa'}$ est la quantité du mouvement perdue par le corps A, et $\overline{Aa}.\cos.\ aAa'$ est sa vitesse estimée dans le sens de cette quantité de mouvement. De même, $B.\overline{Bb'}$ est la quantité de mouvement perdue par B, et $\overline{Bb}$ cos. bBb' est sa vitesse estimée dans le sens de cette force. Donc cette équation (D) n'est autre chose que la traduction algébrique du théorême énoncé.

Cependant nous avons supposé dans la démonstration, que les deux corps A et B sont mobiles l'un et l'autre. Si l'un des deux, B, par exemple, étoit fixe, la réaction ne seroit plus égale et contraire à l'action, et l'équation (A) trouvée ci-dessus n'auroit plus lieu ; mais l'équation (B) seroit toujours vraie, parce que ce corps fixe ou obstacle est supposé sans ressort. Donc à cause de $\overline{Bb} = 0$, l'équation (C) subsisteroit encore ; donc l'équation (D) auroit lieu comme dans le premier cas ; donc cette équation (D) que nous venons de voir être la traduction algébrique du théorême, a toujours lieu, soit que les deux corps soient mobiles, soit qu'il y en ait un de fixe ; donc le théorême énoncé est vrai dans tous les cas possibles. *Ce qu'il falloit prouver.*

COROLLAIRE PREMIER.

164. Nous pouvons donner à l'équation (D) la forme suivante

$$A.\overline{Aa}\left(\overline{AA'}.\text{cos. } A'Aa - \overline{Aa}\right)$$
$$+B.\overline{Bb}\left(\overline{BB'}.\text{cos. } B'Bb - \overline{Bb}\right) = 0 \qquad (E);$$

car $\overline{AA'}$ étant la résultante de $\overline{Aa}$ et de $\overline{Aa'}$, nous devons avoir (26)

$$\overline{Aa'}.\cos.aAa' = \overline{AA'}.\cos.A'Aa - \overline{Aa}$$
$$\overline{Bb'}.\cos.bBb' = \overline{BB'}.\cos.B'Bb - \overline{Bb}.$$

Substituant ces valeurs de $\overline{Aa'}.\cos.aAa'$, $\overline{Bb'}.\cos.bBb'$ dans l'équation (C), il viendra l'équation (E). *Ce qu'il falloit démontrer.*

COROLLAIRE II.

165. Pour fixer plus facilement les idées, nous distinguerons par les dénominations suivantes, les diverses quantités qui entrent dans les équations qui précèdent ; nous ferons

la masse du corps A = ... A
la masse du corps B = ... B
la vîtesse $\overline{AA'}$ du corps A avant le choc = ... (W, A)
sa vîtesse $\overline{Aa}$ après le choc = .. (V, A)
la vîtesse $\overline{Aa'}$ qu'il perd par le choc = ... (U, A)
la vîtesse qui lui est imprimée par le corps B, en vertu du choc, et qui est (41) égale et contraire à (U, A) = ... (U, B, A)

l'angle $A'Aa$ que fait sa vîtesse après le choc, avec sa vîtesse avant le choc = ... $(W,A)\hat{}(V,A)$

l'angle $A'Aa'$ que fait sa vîtesse avant le choc, avec la vîtesse qu'il perd par le choc = ... $(W,A)\hat{}(U,A)$

l'angle aAa' que fait sa vîtesse après le choc, avec la vitesse qu'il perd par le choc = ... $(V, A)\hat{}(U, A)$

Et pareillement,

la vîtesse $\overline{BB'}$ du corps B avant le choc = ... (W, B)

sa vîtesse après le choc = ... (V, B)

la vîtesse qu'il perd par le choc = (U, B)

la vîtesse que lui imprime le corps A en vertu du choc, et qui doit être égale et diamétralement opposée à la précédente = ... (U, A, B)

l'angle $B'Bb$ que fait sa vîtesse après le choc, avec sa vîtesse avant le choc = ... $(W,B)\hat{}(V,B)$

l'angle $B'Bb'$ que fait sa vîtesse avant le choc, avec la vîtesse qu'il perd par le choc = ... $(W,B)\hat{}(U,B)$

l'angle $bB'b'$ que fait sa vîtesse après le choc, avec la vîtesse qu'il perd par le choc = ... $(V,B)\hat{}(U,B)$.

Cela posé, il est clair que les formules (D) et (E) prendront les formes suivantes :

$$\begin{aligned} &A.(U,B,A)\ (V,A)\cos.(V,A)\hat{}(U,B,A) \\ &+B.(U,A,B)\ (V,B)\cos.(V,B)\hat{}(U,A,B)=o,\ (D') \end{aligned}$$

$$\begin{aligned} &A.(V,A)\ [(W,A)\cos.(W,A)\hat{}(V,A)-(V,A)] \\ &+B.(V,B)\ [(W,B)\cos.(W,B)\hat{}(V,B)-(V,B)]=o,\ (E') \end{aligned}$$

Remarques.

166. On voit aisément quel est l'objet des dénominations proposées dans le corollaire précédent. Elles seroient inutiles, si nous devions nous borner à comparer deux corps comme A et B ; mais notre but est d'étendre la théorie du choc à un système quelconque ; et alors il y auroit trop de caractères différens à employer pour désigner toutes les quantités qui doivent être combinées, si on ne réduisoit ces caractères à un petit nombre au moyen d'un arrangement systématique de ces caractères, propre à faire voir ce à quoi chacun se rapporte, et à mettre une sorte d'uniformité dans les expressions. Cet objet peut se remplir de plusieurs manières : celle que j'ai adoptée consiste à désigner d'abord chacun des corps du système par une lettre particulière ; puis en général par W, la vîtesse avant le choc ; par V, la vîtesse après le choc ; par U, la vîtesse perdue par le choc, en adjoignant à ce caractère

commun celui du corps auquel ces vîtesses appartiennent : puis on désigne les angles compris entre ces vîtesses par les expressions de ces mêmes vîtesses, séparées par le signe ^ placé en haut. Par ce moyen, les mêmes formules s'étendent à un nombre quelconque de corps, sans qu'il soit besoin de multiplier les caractères qui doivent désigner leurs vîtesses et les directions de ces vîtesses.

167. Pour montrer l'usage qu'on peut faire de ces expressions, considérons (fig. 21) un systême quelconque de corps A, B, C, D, E, &c. qui se touchent les uns les autres deux à deux, trois à trois, &c. d'une manière quelconque.

Les vîtesses de ces corps avant le choc, seront:

(W, A), (W, B), (W, C), &c.

Leurs vîtesses après le choc, seront :

(V, A), (V, B), (V, C), &c.

Leurs vîtesses perdues par le choc, seront :

(U, A), (U, B), (U, C), &c.

Les angles que formeront entr'elles les vîtesses (W, A) et (V, A), (W, B) et (V, B), (W, C) et (V, C), &c. seront :

$(W,A)\hat{}(V,A), (W,B)\hat{}(V,B), (W,C)\hat{}(V,C)$, &c.

La vîtesse que A imprime à B sera (U, A, B) ; celle que B imprime à C sera (U, B, C), &c.

Par conséquent la quantité de mouvement que A imprime à B sera B(U, A, B); la quantité de mouvement que B imprime à C sera C(U,B,C); ainsi des autres.

Ainsi (U, A), par exemple, qui est la vîtesse perdue par A, et qui par conséquent est égale et diamétralement opposée à sa vîtesse gagnée, sera aussi égale et diamétralement opposée à la résultante de toutes les vîtesses qui sont imprimées au corps A par tous les autres corps du système. Mais ceux de ces autres corps qui impriment du mouvement à A, se réduisent (146) à ceux qui sont contigus; c'est-à-dire dans la figure examinée ici, aux trois B, G, L. Donc nous aurons (26),

$$\begin{aligned}(U,A)\cos.(U,A)\hat{\ }(V,A) = &-(U,B,A)\cos.(U,B,A)\hat{\ }(V,A)\\ &-(U,G,A)\cos.(U,G,A)\hat{\ }(V,A)\\ &-(U,L,A)\cos.(U,L,A)\hat{\ }(V,A)\end{aligned}$$

De même, nous aurons pour le corps F, par exemple :

$$\begin{aligned}(U,F)\cos.(U,F)\hat{\ }(V,F) = &-(U,B,F)\cos.(U,B,F)\hat{\ }(V,F)\\ &-(U,C,F)\cos.(U,C,F)\hat{\ }(V,F)\\ &-(U,H,F)\cos.(U,H,F)\hat{\ }(V,F)\\ &-(U,I,F)\cos.(U,I,F)\hat{\ }(V,F)\\ &-(U,K,F)\cos.(U,K,F)\hat{\ }(V,F)\end{aligned}$$

Equations qui signifient simplement que la vîtesse

perdue par le corps A, estimée dans le sens de la vîtesse qui lui reste après le choc, est égale et diamétralement opposée à la somme des vîtesses qui lui sont imprimées simultanément par les corps B, G, I. auxquels il est contigu, toutes exprimées dans le même sens de cette vîtesse qui lui reste; que pareillement, la vîtesse perdue par F, estimée dans le sens de la vîtesse qui lui reste après le choc, est égale et diamétralement opposée à la somme des vîtesses qui lui sont imprimées simultanément par les corps B, C, H, I, K auxquels il est contigu, toutes exprimées dans le même sens, de cette vîtesse qui lui reste: ainsi des autres.

THÉORÊME XI.

168. *Dans le choc des corps durs, en quelque nombre qu'ils soient dans le systême, et soit que tous soient mobiles ou qu'il y en ait de fixes, la somme des produits de la quantité de mouvement perdue par chacun de ces corps, multipliée par sa vîtesse après le choc, estimée dans le sens de cette quantité de mouvement perdue, est égale à zéro.*

Cette proposition n'est autre chose que le théorême énoncé (163) étendu à un nombre quelconque de corps, et se démontre facilement au moyen de celui-ci. En effet,

Soient (fig. 21) tant de corps qu'on voudra,

entre lesquels il survient un choc. La figure explique assez ceux de ces corps qui sont contigus, et entre lesquels seuls par conséquent, il s'exerce une action immédiate. Cela posé par la remarque précédente (166), on voit que nous avons cette série d'équations, en même nombre qu'il y a de corps dans le systême.

$$
\begin{aligned}
U,A)(V,A)\cos.(U,A)\widehat{\;}(V,A) = &-A(U,B,A)(V,A)\cos.(U,B,A)\widehat{\;}(V,A)\\
&-A(U,G,A)(V,A)\cos.(U,G,A)\widehat{\;}(V,A)\\
&-A(U,L,A)(V,A)\cos.(U,L,A)\widehat{\;}(V,A)
\end{aligned}
$$

$$
\begin{aligned}
(U,B)(V,B)\cos.(U,B)\widehat{\;}(V,B) = &-B(U,A,B)(V,B)\cos.(U,A,B)\widehat{\;}(V,B)\\
&-B(U,C,B)(V,B)\cos.(U,C,B)\widehat{\;}(V,B)\\
&-B(U,F,B)(V,B)\cos.(U,F,B)\widehat{\;}(V,B)\\
&-B(U,G,B)(V,B)\cos.(U,G,B)\widehat{\;}(V,B)
\end{aligned}
$$

$$
\begin{aligned}
(U,C)(V,C)\cos.(U,C)\widehat{\;}(V,C) = &-C(U,B,C)(V,C)\cos.(U,B,C)\widehat{\;}(V,C)\\
&-C(U,D,C)(V,C)\cos.(U,D,C)\widehat{\;}(V,C)\\
&-C(U,E,C)(V,C)\cos.(U,E,C)\widehat{\;}(V,C)\\
&-C(U,F,C)(V,C)\cos.(U,F,C)\widehat{\;}(V,C)
\end{aligned}
$$

$$
(U,D)(V,D)\cos.(U,D)\widehat{\;}(V,D) = -D(U,C,D)(V,D)\cos.(U,C,D)\widehat{\;}(V,D)
$$

$$
(U,E)(V,E)\cos.(U,E)\widehat{\;}(V,E) = -E(U,C,E)(V,E)\cos.(U,C,E)\widehat{\;}(V,E)
$$

$$
\begin{aligned}
(U,F)(V,F)\cos.(U,F)\widehat{\;}(V,F) = &-F(U,B,F)(V,F)\cos.(U,B,F)\widehat{\;}(V,F)\\
&-F(U,C,F)(V,F)\cos.(U,C,F)\widehat{\;}(V,F)\\
&-F(U,H,F)(V,F)\cos.(U,H,F)\widehat{\;}(V,F)\\
&-F(U,I,F)(V,F)\cos.(U,I,F)\widehat{\;}(V,F)\\
&-F(U,K,F)(V,F)\cos.(U,K,F)\widehat{\;}(V,F)
\end{aligned}
$$

$$
\begin{aligned}
G(U,G)(V,G)\cos.(U,G)\widehat{\ }(V,G) = &-G(U,A,G)(V,G)\cos.(U,A,G)\widehat{\ }(V,G)\\
&-G(U,B,G)(V,G)\cos.(U,B,G)\widehat{\ }(V,G)\\
&-G(U,H,G)(V,G)\cos.(U,H,G)\widehat{\ }(V,G)\\
H(U,H)(V,H)\cos.(U,H)\widehat{\ }(V,H) = &-H(U,F,H)(V,H)\cos.(U,F,G)\widehat{\ }(V,H)\\
&-H(U,G,H)(V,H)\cos.(U,G,H)\widehat{\ }(V,H\\
&-H(U,I,H)(V,H)\cos.(U,I,H)\widehat{\ }(V,H\\
I(U,I)(V,I)\cos.(U,I)\widehat{\ }(V,I) = &-I(U,F,I)(V,I)\cos.(U,F,I)\widehat{\ }(V,I\\
&-I(U,H,I)(V,I)\cos.(U,H,I)\widehat{\ }(V,I\\
&-I(U,K,I)(V,I)\cos.(U,K,I)\widehat{\ }(V,I\\
K(U,K)(V,K)\cos.(U,K)\widehat{\ }(V,K) = &-K(U,F,K)(V,K)\cos.(U,F,K)\widehat{\ }(V,K\\
&-K.(U,I,K)(V,K)\cos.(U,I,K)\widehat{\ }(V,K\\
L(U,L)(V,L)\cos.(U,L)\widehat{\ }(V,L) = &-L(U,A,L)(V,L)\cos.(U,A,L)\widehat{\ }(V,L
\end{aligned}
$$

J'ajoute ensemble toutes ces équations, et je vois aisément, que tous les termes du second membre se détruisent deux à deux, en vertu du théorème énoncé (163); car, par exemple, le premier terme du second membre de la première équation, exprime évidemment (164) la quantité de mouvement imprimée à A par B, estimée dans le sens de la vîtesse de A après le choc, et pareillement, le premier terme du second membre de la seconde équation est la quantité de mouvement imprimée à B par A, estimée dans le sens de la vîtesse de B après le choc. Or, par la proposition que nous venons de citer, la somme de ces deux quantités est o, comme on le voit par la formule (D') (165), qui est la traduction de cette proposition, et qui est la somme même dont nous venons de parler.

Par la même raison, on voit que le second terme du second membre de la première équation, et le premier terme du second membre de la septième, doivent faire ensemble une somme égale à zéro; de même, le troisième terme du second membre de la première équation, et le premier terme du second membre de la onzième; de même, le second terme du second membre de la seconde équation, et le premier terme du second membre de la troisième équation : ainsi de suite. Donc tout le second membre de l'équation résultante de la somme de toutes les autres s'évanouit; donc la somme des premiers membres est aussi zéro.

Or la somme de ces derniers est visiblement la somme des produits de la quantité de mouvement perdue par chacun des corps du systême, multipliée par sa vîtesse après le choc, estimée dans le sens de cette quantité de mouvement. Donc cette somme est égale à zéro; ce qui est précisément l'énoncé de la proposition. *Ce qu'il falloit démontrer.*

COROLLAIRE PREMIER.

169. Représentons par M la masse de chacun des corps du systême, par W sa vîtesse avant le

choc, par V sa vîtesse après le choc, par U la vîtesse qu'il perd par le choc, par le signe ^ en général, interposé en haut entre les expressions de deux lignes quelconques, l'angle qu'elles forment; et enfin par *som.* la somme de toutes les quantités du même genre. Nous aurons donc pour tout le systême : $som. \text{M.U.V.}\cos.\widehat{UV}=0$,(F).

COROLLAIRE II.

170. Cette proposition ayant lieu, quels que soient le nombre des corps et leur disposition respective ; et soit que ces corps soient tous mobiles, ou qu'il y en ait de fixes (163), doit aussi avoir lieu évidemment, soit que le choc entr'eux soit immédiat, soit qu'il s'opère par l'intermédiaire d'une machine quelconque sans ressort.

COROLLAIRE III.

171. Pour chacun des corps qui sont fixes, on a V = o. Ainsi le terme qui lui appartient s'évanouit, et par conséquent il n'entre dans la formule précédente, que les parties mobiles du systême. Donc si la communication des mouvemens s'opère par l'entremise d'une machine qui ait des parties fixes, ou s'il se rencontre des obstacles immobiles et parfaitement durs, toutes ces parties immobiles n'entreront pour rien dans la formule.

COROLLAIRE IV.

172. On peut donner à la formule trouvée une autre expression ; car on a (26)

$$U.\cos.\widehat{UV} = W.\cos.\widehat{WV} - V.$$

Substituant cette valeur de $U.\cos.\widehat{UV}$ dans la formule trouvée (F), elle deviendra

$$\textit{som}.M.W.V.\cos.\widehat{WV} - \textit{som}.M.V^2 = 0, \text{ ou}$$

$$\textit{som}.M.W.V.\cos.\widehat{WV} = \textit{som}.M.V^2. \qquad (F')$$

COROLLAIRE V.

175. On peut encore donner une nouvelle expression à la formule (F) (169) ; car puisque W est la résultante de V et de U, nous aurons, en évaluant les trois vîtesses dans le sens U,

$$V.\cos.\widehat{VU} = W.\cos.\widehat{WU} - U.$$

Substituant cette valeur de $V.\cos.\widehat{VU}$ dans la formule (F), elle devient :

$$\textit{som}.MUW\cos.\widehat{WU} - \textit{som}.MU^2 = 0. \qquad (F'')$$

COROLLAIRE VI.

174. Il est possible encore de transformer l'équation (F) d'une autre manière ; car W étant toujours la résultante de V et U, on a

$$W = V\cos.\widehat{WV} + U\cos.\widehat{WU}.$$

Substituant cette valeur de W dans la formule (F′) (172), qui est déjà une transformée de la formule (F), on aura

$$\text{fom. } MV^2 \cos. \widehat{W V}^2 + \text{fom. } MVU . \cos. \widehat{W V} . \cos. \widehat{W U}$$
$$= \text{fom. } MV^2$$

ou

$$\text{fom. } MVU . \cos. \widehat{W V} . \cos. \widehat{W U}$$
$$= \text{fom. } MV^2 \left(1 - \cos. \widehat{W V}^2\right) = \text{fom. } MV^2 \sin. \widehat{W V}^2.$$

Donc

$$\text{fom. } MVU . \cos. \widehat{W V} . \cos. \widehat{W U}$$
$$= \text{fom. } MV^2 . \sin. \widehat{W V}^2. \qquad (F'')$$

THÉORÈME XII.

175. *Dans le choc des corps durs, quel que soit leur nombre, et soit que le choc soit immédiat, ou qu'il se fasse au moyen d'une machine quelconque sans ressort, la somme des forces vives avant le choc, est toujours égale à la somme des forces vives après le choc, plus la somme des forces vives qui auroit lieu, si chacun des corps se mouvoit librement avec la seule vitesse qu'il a perdue par le choc.*

Supposons que MAmB (fig. 22) étant un parallélogramme, la diagonale $\overline{Mm}$ représente W, le côté $\overline{MA}$, V; et par conséquent, le côté $\overline{MB}$, U.

Le triangle MAm donnera

$$\overline{Mm}^2 = \overline{MA}^2 + \overline{Am}^2 - 2MA.Am.\cos. MAm;$$

qui parce que l'angle MAm est le supplément de AMB, devient

$$\overline{Mm}^2 = \overline{MA}^2 + \overline{Am}^2 + 2\overline{MA}.\overline{Am}.\cos. AMB.$$

Or AMB est $V\hat{}U$. Donc l'équation précédente devient

$$W^2 = V^2 + U^2 + 2V.U.\cos. V\hat{}U;$$

donc

$$\text{ſom}.M.W^2 = \text{ſom}.M.V^2 + \text{ſom}.M.U^2 + 2\,\text{ſom}.M.V.U.\cos.V\hat{}U.$$

Mais le dernier terme de cette équation est o (169); donc l'équation précédente se réduit à

$$\text{ſom}.MW^2 = \text{ſom}.MV^2 + \text{ſom}.MU^2, \qquad (G)$$

qui est la traduction algébrique de la proposition énoncée. *Ce qu'il falloit prouver.*

COROLLAIRE PREMIER.

176. Donc, *lorsque plusieurs corps animés de forces quelconques se font mutuellement équilibre, soit immédiatement, soit par le moyen d'une machine quelconque sans ressort; la somme des produits de chaque masse par le carré de la vitesse avec laquelle elle tend à se mouvoir, est un* minimum, *c'est-à-dire moindre que ne le seroit la somme des produits de*

chaque masse par le carré de la vîtesse qu'elle perdroit, si le systeme prenoit un mouvement quelconque géométrique.

Supposons, par exemple, que deux masses m, m' soient appliquées aux extrémités d'un levier horizontal, dont les bras soient respectivement r, r'; nommons g la gravité, u, u' les vîtesses géométriques ou virtuelles que prendroient m, m' s'il naissoit un petit mouvement : puisqu'il y a équilibre par hypothèse, la vîtesse avec laquelle chacun des corps tend à se mouvoir est g. Donc, puisqu'il y a équilibre, la vîtesse perdue est aussi g; donc la somme des produits de chacune de ces masses par le carré de la vîtesse qu'elle perd, est $mg^2 + m'g^2$. Mais s'il naissoit un petit mouvement, $g - u$ seroit la vîtesse perdue par m, et $g + u'$, celle que perdroit m'; donc par le principe ci-dessus, $mg^2 + m'g^2$ est *minimum* ou moindre que $m(g-u)^2 + m'(g+u')^2$; c'est-à-dire, que ces deux quantités doivent différer d'une quantité infiniment petite du second ordre, puisque le mouvement est infiniment petit. Donc on doit avoir

$$mg^2 + m'g^2 = m(g-u)^2 + m'(g+u')^2,$$

ou en exécutant les opérations et réduisant,

$$mu^2 + m'u'^2 = 2mgu + 2m'gu';$$

ou parce que u, u' sont infiniment petites par rapport à g,

$$mgu - m'gu' = 0;$$

ce qui donne $mg : m'g :: u' : u$, ainsi qu'on le tire du principe des vîtesses virtuelles. Cette proposition peut donc être considérée comme un nouveau principe d'équilibre, ou plutôt comme une nouvelle manière d'exprimer le principe des vîtesses virtuelles. Ce principe sera généralisé (185).

COROLLAIRE II.

177. Si le systême changeoit de mouvement par degrés insensibles, la quantité de mouvement perdue à chaque instant par chacun des corps, seroit infiniment petite. Donc alors on auroit pour chaque instant $U = 0$; donc U^2 seroit infiniment petite du second ordre. Donc *som.* MU^2 s'évanouiroit auprès de *som.* MV^2; donc l'équation se réduiroit à

$$\textit{som.}\, MW^2 = \textit{som.}\, MV^2.$$

C'est-à-dire, que quand un systême de corps durs agissant les uns sur les autres par leur seule inertie ou abstraction faite de toute force motrice, change de mouvement par degrés insensibles, la somme des forces vives se conserve perpétuellement sans altération, malgré l'action et la réaction des corps les uns sur les autres, et soit que le mouvement se communique de l'un à l'autre immédiatement, ou par l'entremise d'une machine quelconque sans ressort.

COROLLAIRE III.

178. Lorsqu'il y a un changement brusque, que la valeur U de la vîtesse perdue soit positive ou négative, son carré U^2 est toujours positif. Donc *ſom.* MU^2 est toujours une quantité positive, de même que *ſom.* MW^2 et *ſom.* MV^2; donc en vertu de l'équation (G) (175), *ſom.* MW^2 est toujours plus grande que *ſom.* MV^2; c'est-à-dire, qu'alors la somme des forces vives après le choc est toujours moindre qu'avant. Il y a donc toujours déperdition de forces vives dans le choc des corps durs, soit que le choc soit immédiat, ou qu'il s'opère au moyen d'une machine quelconque sans ressort; et cette déperdition de forces vives est toujours égale à la somme des forces vives qui auroit lieu, si chacun des corps se mouvoit librement avec une vîtesse égale à celle qu'il a perdue par le choc. J'appellerai ce principe *loi de la déperdition de forces vives dans le choc des corps durs.*

THÉORÊME XIII.

179. *Dans le choc des corps parfaitement élastiques, en quelque nombre qu'ils soient, la somme des forces vives après le choc, est toujours égale à la somme des forces vives qui avoient lieu avant le choc.*

Car l'effet de l'élasticité est de doubler la quantité de mouvement que chacun des corps du système imprime à chacun des autres; c'est-à-dire que MU devient pour chacun des corps du système, double de ce qu'elle seroit si les corps étoient durs. Mais la direction de cette quantité de mouvement perdue ne change pas, puisqu'elle est toujours égale et directement opposée à la résultante de toutes les forces imprimées à M, et que celles-ci ayant toutes doublé en même temps, la direction de leur résultante ne peut avoir changé. Donc l'angle $U\hat{}W$ est le même que si les corps étoient durs.

Or, pour les corps durs, nous avons (173)

$$\textit{som}.\, MUW \cos. W\hat{}U - \textit{som}.\, MU^2 = 0.$$

Supposant donc que si les corps sont parfaitement élastiques, la vîtesse perdue soit U', et la vîtesse restante V', W restant la même, U' sera double de U; donc $U = \frac{1}{2} U'$; donc la formule deviendra pour les corps parfaitement élastiques, en multipliant tout par 4,

$$2\,\textit{som}.\, MU'W \cos. W\hat{}U' - \textit{som}.\, MU'^2 = 0. \quad (H)$$

qui à cause de $W \cos. W\hat{}U' = V' \cos. V'\hat{}U' + U'$ devient

$$2\,\textit{som}.\, MU'V' \cos. V'\hat{}U' + \textit{som}.\, MU'^2 = 0. \quad (H')$$

Mais comme d'un autre côté W étant toujours

la résultante de V′ et de U′, on doit avoir (175)

$$W^2 = V'^2 + U'^2 + 2\,V'U'\cos. V'\hat{\ }U',$$

et par conséquent,

$$\int om.\, MW^2 = \int om.\, MV'^2 + \int om.\, MU'^2 + 2\int om.\, MU'V'\cos. V'\hat{\ }U'.$$

Si l'on ajoute cette équation à l'équation (H′), et qu'on réduise, on aura

$$\int om.\, MW^2 = \int om.\, MV'^2; \qquad (H'')$$

formule qui est la traduction algébrique de la proposition qu'il falloit démontrer.

COROLLAIRE IV.

180. Si les corps n'étoient pas parfaitement élastiques, mais tous doués d'un même degré d'élasticité représenté par n, c'est-à-dire tel que l'action réciproque des corps au lieu d'être doublée, comme il arrive dans le cas des corps parfaitement élastiques, fût seulement cette même force multipliée par n : il est clair que la direction de chacune des vîtesses perdues seroit encore la même, ainsi que l'angle $W\hat{\ }U$.

Cela posé, nous avons pour les corps durs (173)

$$\int om.\, MUW\cos. W\hat{\ }U - \int om.\, MU^2 = 0.$$

Supposant donc que pour le cas où le degré d'élasticité est exprimé par n, la vîtesse perdue soit U′

et la vîtesse restante V', on aura $U' = nU$, ou

$U = \frac{1}{n} U'$.

Donc la formule précédente deviendra, en multipliant par n,

$$n \text{ som. } MU'W \cos. W\hat{\ }U' - \text{som. } MU'^2 = 0.$$

Équation qui à cause de

$$W \cos. W\hat{\ }U' = V' \cos. V'\hat{\ }U' + U',$$

devient

$$\text{som.} MV'U' \cos. V'\hat{\ }U' + \left(\frac{n-1}{n}\right) \text{som.} MU'^2 = 0. (H')$$

Mais comme d'un autre côté, W étant toujours la résultante de V' et de U', on doit avoir (176),

$$W^2 = V'^2 + U'^2 + 2V'U' \cos. V'\hat{\ }U';$$

et par conséquent,

$$\tfrac{1}{2} \text{som. } MW^2 = \tfrac{1}{2} \text{som. } MV'^2 + \tfrac{1}{2} \text{som. } MU'^2 + \text{som.} MV'U' \cos. V'\hat{\ }U'.$$

Si l'on ajoute cette équation à l'équation (H'), et qu'on réduise, on aura

$$\text{som.} MW^2 = \text{som. } MV'^2 - \frac{n-2}{n} \text{som. } MU'^2. \quad (H'')$$

Dans le cas de la parfaite élasticité, on a $n = 2$; donc alors le dernier terme de l'équation devient 0, et l'équation se réduit à

$$\text{som. } MW^2 = \text{som. } MV'^2,$$

comme dans le corollaire précédent.

Dans le cas des corps durs, on a $n=1$. Donc alors l'équation se réduit à

$$\text{som. } MW^2 = \text{som. } MW'^2 + \text{som. } MU'^2,$$

comme ci-dessus (175).

THÉORÈME XIV.

181. *Dans un systéme quelconque de corps durs en contact immédiat les uns avec les autres, ou appliqués à une machine quelconque sans ressort, s'il survient un choc, et si au moment où ce choc va s'opérer, on décompose le mouvement avec lequel le systéme tend à se mouvoir en deux, dont l'un est celui qui doit être détruit; l'autre est tel, que si on le supprime tout-à-coup seul, et qu'on lui substitue un autre mouvement quelconque géométrique, la somme des produits de la quantité de mouvement perdue par chacun des corps du systéme, multipliée par sa vitesse géometrique, estimée dans le sens de cette quantité de mouvement, sera égale à zéro.*

Car (158) en vertu de la substitution dont on vient de parler, ce nouveau mouvement géométrique sera celui qui devra réellement avoir lieu après le choc. On pourra donc regarder alors le mouvement avec lequel le systême général tend à se mouvoir, comme composé de ce nouveau mouvement et de celui qui est détruit;

donc on pourra appliquer à ce mouvement composé, les mêmes raisonnemens que ceux qui ont été faits pour le cas où le mouvement avec lequel le systême tendoit à se mouvoir, étoit composé de celui qui devoit réellement avoir lieu, et de celui qui devoit être détruit. Or ce mouvement qui devoit être détruit avant la substitution, est le même que celui qui doit l'être malgré la substitution, puisque le mouvement substitué étant géométrique, ne change rien à l'action réciproque des corps. Donc, par la même raison qu'on a eu l'équation (F)(169), on doit avoir, en nommant u la vîtesse géométrique substituée à la vîtesse V, $\int$ *om*. $MUu \cos. \widehat{U.u} = 0$; (I), formule qui n'est autre chose que la traduction algébrique de la proposition qu'il falloit démontrer.

COROLLAIRE PREMIER.

182. Si du choc doit résulter l'équilibre dans le systême, alors on aura $V = 0$, et $U = W$; donc la formule précédente deviendra

$$\int M . Wu \cos. \widehat{W u} = 0; \quad (I')$$

équation qui devra avoir lieu dans le cas d'équilibre ou de la destruction générale des mouvemens, quel que soit le mouvement géométrique imprimé au systême.

COROLLAIRE II.

183. La formule (I) trouvée ci-dessus, peut

prendre une autre forme ; car W étant la résultante de V et de U, on doit avoir

$$U \cos. \widehat{Uu} = W \cos. \widehat{Wu} - V \cos. \widehat{Vu}.$$

Substituant dans l'équation (I) cette valeur de $U \cos. \widehat{Uu}$, on aura

$$\textit{som}. MWu \cos. \widehat{Wu} - \textit{som}. MVu \cos. \widehat{Vu} = 0; (I'')$$

formule qui se réduit comme la précédente (I') à

$$\textit{som}. M. Wu \cos. \widehat{Wu} = 0,$$

dans le cas d'équilibre.

COROLLAIRE III.

184. On peut encore donner aux équations (F), (F'), (F''), (I), (I''), une autre forme très-remarquable à cause de la méthode imaginée par les géomètres de rapporter en général les mouvemens d'un système de corps à trois axes perpendiculaires entr'eux ; ce qui donne pour l'ordinaire aux solutions beaucoup d'élégance et de simplicité, ainsi qu'on l'a déjà observé.

Imaginons donc à volonté dans l'espace, trois axes perpendiculaires entr'eux, et concevons que les vîtesses W, V, U, *u* soient décomposées chacune en trois autres parallèles à ces trois axes. Nommons.

celles de ces vîtesses qui répondent à W.................. W', W'', W'''
celles qui répondent à V....... V', V'', V'''
celles qui répondent à U....... U', U'', U'''
celles qui répondent à u .... u', u'', u'''

Cela posé, je dis que les équations (F), (F'), (F''), (I), (I''), prendront les formes suivantes; ou pour abréger, je substituerai le simple signe ordinaire d'intégration $\int$ à l'expression *som*.

$$\int MU'V' + \int MU''V'' + \int MU'''V''' = 0 \dots (f)$$

$$\left.\begin{array}{l} \int MW'V' + \int MW''V'' + \int MW'''V''' \\ = \int MV'^2 \quad + \int MV''^2 \quad + \int MV'''^2 \end{array}\right\} = 0\,(f')$$

$$\left.\begin{array}{l} \int MU'W' + \int MU''W'' + \int MU'''W''' \\ = \int MU'^2 \quad + \int MU''^2 \quad + \int MU'''^2 \end{array}\right\} = 0\,(f'')$$

$$\int MU'u' + \int MU''u'' + \int MU'''u''' = 0 \dots (i)$$

$$\left.\begin{array}{l} \int MW'u' + \int MW''u'' + \int MW'''u''' \\ = \int MV'u' + \int MV''u'' + \int MV'''u''' \end{array}\right\} = 0\,(i'')$$

Formules qui ont lieu pour tous les cas possibles d'équilibre et de mouvement dans un système de corps durs, agissant soit immédiatement les uns sur les autres, soit par l'entremise d'une machine quelconque sans ressort.

La démonstration de ces formules suit évidemment de cette proposition très-connue en géométrie; savoir, que le produit de deux droites quelconques menées dans l'espace d'un point donné, multiplié par le cosinus de l'angle qu'elles comprennent, est égal à la somme des trois produits formés, en multipliant les deux projections de ces droites sur chacun des trois axes. D'où suit, par exemple, que

$$UV \cos. U\hat{\ }V = U'V' + U''V'' + U'''V''';$$

ainsi des autres.

THÉORÈME XV.

185. *Parmi tous les mouvemens dont est susceptible un système de corps parfaitement durs agissant les uns sur les autres par un choc immédiat, ou par des machines quelconques sans ressort, de manière qu'il en résulte un changement brusque dans l'état du système : celui de tous ces mouvemens qui aura lieu réellement après l'action, est le mouvement géométrique qui est tel, que la somme des produits de chacune des masses par le carré de la vîtesse qu'elle perdra, est un* minimum. C'est-à-dire, moindre que la somme des produits de chacune des masses par le carré de la vîtesse qu'elle auroit perdue, si le système eût pris un autre mouvement quelconque géométrique.

Ainsi M représentant chacune des masses du système, W sa vîtesse avant le choc, V sa vîtesse après le choc, U sa vîtesse perdue par le choc, *u* une vîtesse quelconque géométrique; il faut prouver que $\int MU^2$ est moindre lorsque M prend la vîtesse V après le choc, que si elle prenoit la vîtesse u, ou que $\delta.\int MU^2 = 0$, δ étant le signe de la variation, lorsqu'au lieu de V on substitue une vîtesse géométrique u, infiniment peu différente de la première.

En effet, décomposons V en deux autres vîtesses, dont l'une soit u et l'autre u'; puisque V et u sont l'une et l'autre géométriques, u' le sera aussi (152) : donc nous aurons (181),

$$\int MUu' \cos. \widehat{Uu'} = 0. \qquad (a).$$

Décomposons pareillement la vîtesse perdue U en deux autres vîtesses, dont l'une U' soit la vîtesse qui seroit perdue par M, si le corps M, au lieu de la vîtesse V, prenoit après le choc la vîtesse u; je dis que l'autre sera égale et diamétralement opposée à u'; car si l'on nomme u'' cette vîtesse, et qu'on représente (fig. 25) W par $\overline{mW}$, V par $\overline{mV}$, U par $\overline{mU}$, u par $\overline{mu}$, u' par $\overline{mu'}$, et enfin u'' par $\overline{mu''}$. Les figures $mVWU$, $muWU'$, $muVu'$, $mU'Uu''$, seront quatre parallélogrammes dont les diagonales seront respectivement, $\overline{mW}$, $\overline{mW}$, $\overline{mV}$, $\overline{mU}$; ce qui ne peut avoir lieu sans que l'on ait $\overline{mu''} = \overline{UU'} = \overline{uV} = \overline{mu'}$. D'où il suit que $\overline{mu''} = \overline{mu'}$; c'est-à-dire, $u'' = u'$, et sans que de plus ces deux quantités ne soient diamétralement opposées.

Cela posé, le triangle mUU' donne

$$\overline{UU'}\cos.UU'm = \overline{mU'} - \overline{mU}\cos.UmU',$$

qui parce que l'angle UmU' est infiniment petit, et que par conséquent son cosinus diffère de l'unité seulement d'une quantité infiniment petite du second ordre, devient

$$\overline{UU'}\cos.UU'm = (\overline{mU'} - \overline{mU}).$$

Or $(\overline{mU'} - \overline{mU})$ est la quantité dont varie U, lorsqu'au lieu de V, le corps M prend la vîtesse u. Donc $(\overline{mU'} - \overline{mU}) = \delta U$; donc l'équation devient

$$\overline{UU'}\cos.UU'm = \delta U, \text{ ou } u'\cos.U\hat{\ }u' = \delta U.$$

Substituant cette valeur de $u'\cos.U\hat{\ }u'$ dans l'équation (a) trouvée ci-dessus, nous aurons

$$\int MU\delta U = 0, \text{ ou } \delta\int MU^2 = 0; \qquad (K)$$

formule qui n'est autre chose que la traduction algébrique de la proposition énoncée.

On sait que l'égalité de la différentielle ou de la variation d'une quantité à zéro, n'annonce pas toujours un *minimum*, mais qu'elle peut désigner un *maximum*, et même quelquefois un état du systême, qui n'est ni un *maximum* ni un *minimum* proprement dit. La proposition précédente doit donc être entendue avec les restrictions ordinaires, et c'est la formule même (K) qui exprime sans exception la loi générale du choc des corps durs.

186. Cette formule est très-belle, car elle suffit seule pour déterminer le mouvement d'un systême de corps durs après le choc, lorsqu'on connoît celui qui a lieu avant le choc, soit que ce choc soit immédiat, soit qu'il s'opère au moyen d'une machine quelconque sans ressort, puisqu'elle établit d'abord que le mouvement doit être géométrique, et qu'ensuite parmi tous ces mouvemens, elle désigne celui qui doit avoir lieu.

Que par exemple, deux globes A, B venant à se choquer obliquement, on veuille connoître leurs mouvemens après le choc.

Supposons que la vîtesse A estimée dans le sens $\overline{AB}$ de la ligne des centres, soit avant le choc a et après le choc α; que celle de B estimée suivant la même direction, soit avant le choc b et après le choc β. Que de plus, celle de A estimée perpendiculairement à cette ligne des centres, soit avant le choc a' et après le choc α'; et qu'enfin celle de B aussi estimée perpendiculairement à cette ligne des centres, soit avant le choc b' et après le choc β'.

Par notre proposition, le mouvement devant être géométrique, il faut d'abord qu'on ait $\alpha = \beta$. Ainsi la vitesse perdue par A suivant $\overline{AB}$, sera

$a-\alpha$, et celle de B perdue dans le même sens, sera $b-\beta$ ou $b-\alpha$.

De plus, dans le sens perpendiculaire à la ligne des centres, la vîtesse perdue par A sera $a'-\alpha'$, et la vîtesse perdue par B sera $b'-\beta'$; donc les vîtesses totales perdues respectivement par A et par B, seront

$$\sqrt{(a-\alpha)^2+(a'-\alpha')^2} \quad \text{et} \quad \sqrt{(b-\alpha)^2+(b-\beta')^2}.$$

Donc par le théorême, on doit avoir

$$\begin{aligned} \delta.(A[(a-\alpha)^2+(a'-\alpha')^2]) \\ +B[(b-\alpha)^2+(b'-\beta')^2]=0, \end{aligned}$$

ou

$$\begin{aligned} (Aa-A\alpha)\delta\alpha+(Bb-B\alpha)\delta\alpha \\ +(Aa'-A\alpha')\delta\alpha'+(Bb'-B\beta')\delta\beta'=0. \end{aligned}$$

Equation dans laquelle les variations $\delta\alpha$, $\delta\alpha'$, $\delta\beta'$, sont absolument indépendantes l'une de l'autre; ce qui ne peut avoir lieu sans que le coëfficient de chacune d'elles ne soit o. Donc on a ces trois équations $\frac{Aa+Bb}{A+B}=\alpha$, $a'=\alpha'$, $b'=\beta'$.

Ce qu'il falloit trouver.

187. Cette loi s'étend avec les modifications convenables aux chocs qui peuvent avoir lieu dans un systême de corps parfaitement élastiques, ou même doués d'une élasticité quelconque constante; c'est-à-dire, qui soit la même pour tous les corps du systême.

Car si nous supposons que U' représente alors la vîtesse perdue par M, on aura dans le cas des corps parfaitement élastiques, $U' = 2U$, et en général pour un degré d'élasticité exprimé par n, $U' = nU$, ou $U = \frac{1}{n} U'$. Substituant dans la formule $\delta \int MU^2 = 0$, elle deviendra $\delta \int \frac{1}{n^2} MU'^2 = 0$. Donc si n est constante ou la même pour tous les corps, on aura $\frac{1}{n^2} \delta \int MU'^2 = 0$, ou $\delta \int MU'^2 = 0$. Ainsi cette formule appartient à tout systême de corps dont le degré d'élasticité est le même.

Mais il faut observer, qu'alors U devenant nU, le Corps M rejaillit en sens contraire avec cette vîtesse nU, moins la vîtesse U. Donc la vitesse avec laquelle le corps rejaillit, est $(n-1)U$; donc la vîtesse relative après le choc, est à la vîtesse relative avant le choc, comme $n-1$ est à 1. C'est-à-dire que la formule $\delta \int MU^2 = 0$ aura toujours lieu, mais que la variation doit être prise, en supposant que la vîtesse relative après le choc est égale à la vîtesse relative avant le choc, multipliée par $n-1$, et prise en sens contraire. Ainsi, dans le cas des corps durs ou mous, c'est-à-dire quand $n=1$, la vîtesse relative après le choc doit être supposée 0, ou ce qui revient au même, le mouvement doit être supposé géométrique. Lorsque les corps sont parfaitement élastiques, c'est-à-dire lorsque $n=2$, la vîtesse relative après le choc doit être supposée égale à la vîtesse relative avant le choc et prise en sens contraire : ainsi des autres.

188. Si l'on suppose que pendant un temps donné t, chaque corps M eût parcouru l'espace X avec la vîtesse U, on aura $U=\frac{X}{t}$. Donc la formule peut être mise, en divisant par t qui est le même pour tous les corps, sous cette forme $\delta\int MUX=0$.

Maupertuis appelle, dans son *Essai de Cosmologie*, quantité d'action (17) le produit d'une masse par sa vîtesse et par le chemin qu'elle parcourt. Ainsi MUX est une quantité d'action, et il avance en principe, que la quantité d'action nécessaire pour produire un changement dans le mouvement des corps, est toujours un *minimum*. Ce principe doit être regardé comme l'énoncé dont l'équation précédente est la traduction algébrique. Maupertuis fonde ce principe sur les causes finales; mais comme les causes finales s'interprètent arbitrairement, qu'on leur fait dire tout ce qu'on veut, on n'en tireroit aucune conséquence précise, si on ne les appuyoit de démonstrations mathématiques. Maupertuis a prouvé qu'en effet son principe avoit lieu dans le choc direct de deux corps libres parfaitement durs, et dans celui de deux corps parfaitement élastiques ; mais il n'a point été au-delà, et son principe, quoique très-beau, n'a pas été plus approfondi par lui, ni par les autres Géomètres, en ce qui regarde les changemens brusques : du moins je ne sache pas que personne eût entrepris de le démontrer généralement avant la première édition de cet ouvrage, où j'établis le principe équivalent donné ci-dessus (185) ; mais seulement pour les corps durs. La démonstration que je viens de donner ici est plus générale, puisqu'elle embrasse les corps doués de divers degrés d'élasticité ; mais elle prouve en même temps combien sont caduques celles qu'on voudroit baser sur les causes finales, puisqu'elle fait voir que le principe n'est point général ; mais restreint au cas où tous les corps du systême sont doués du même degré d'élasticité. Au reste, le théorême tel que je l'ai donné (185), me paroît plus simple et plus facile à employer que celui de la moindre action, où l'on introduit inutilement l'espace parcouru. Mais il n'en est pas moins vrai, que d'après l'explication qui vient d'être donnée, il ne reste plus rien de vague dans le principe de Maupertuis, et qu'il est rigoureusement et mathématiquement démontré.

THÉORÈME XVI.

189. *Dans un systême quelconque de corps, que ces corps soient durs ou non, qu'ils agissent immédiatement les uns sur les autres, ou par le moyen d'une machine sans ressort ou à ressort, pourvu que la compression et la restitution soient supposées faites en un instant indivisible : s'il survient un choc, ou action quelconque entre les diverses parties du systême; et si au moment où le choc va s'opérer, on imprime à ce systême, outre le mouvement avec lequel il tend à se mouvoir, un autre mouvement quelconque géométrique; rien ne sera changé pour le premier instant du mouvement à l'action réciproque des corps, et la somme des produits de la quantité de mouvement perdue par chacun deux, multipliée par sa vitesse géométrique, estimée dans le sens de cette quantité de mouvement, sera égale à zéro.*

Car en vertu du mouvement géométrique imprimé au systême, les corps qui agissent l'un sur l'autre, ne tendent ni à se rapprocher ni à s'éloigner. Donc d'abord il n'y aura rien de changé dans l'intensité de l'action réciproque de ces corps; donc puisque les actions réciproques se détruisent les unes les autres, parce qu'on suppose la restitution des ressorts s'il y en a, faite dans un instant invisible, il est clair que si toutes les parties du systême étoient dures, et qu'il ne fût animé que de ces seuls mouvemens qui se détruisent, il y auroit équilibre. Donc (168) la somme des produits de la quantité de mouvement perdue par chacune des masses, multipliée par sa vîtesse géométrique, estimée dans le sens de cette quantité de mouvement, seroit égale à zéro. Mais ces quantités de mouvement sont, comme on le vient de voir, les mêmes que celles qui se détruisent dans le systême proposé, quoique les parties n'en soient pas supposées dures, et les vîtesses géométriques sont aussi les mêmes dans les deux cas. Donc dans le premier comme dans le second, la somme des produits de la quantité de mouvement perdue de chacune des masses, par sa vîtesse estimée dans le sens de cette quantité de mouvement, est égale à zéro. *Ce qu'il falloit démontrer.*

COROLLAIRE PREMIER.

190. Ainsi la formule $\int MUu \cos. U\hat{}u = 0$ trouvée (181) pour les corps durs, a lieu également pour toutes espèces de corps de quelque nature qu'ils soient. Ce qui caractérise les corps durs, c'est *la loi de déperdition de forces vives;* cette loi (178) n'ayant pas lieu pour les corps doués d'élasticité. Si les corps sont parfaitement élastiques, il n'y a aucune déperdition de forces vives; si l'élasticité est imparfaite, il y a déper-

dition plus ou moins grande. Les corps parfaitement durs d'une part, et les corps parfaitement élastiques de l'autre, forment les limites entre lesquelles tous les autres sont compris. Mais tous ont une propriété commune exprimée par la formule $\int MUu \cos. \widehat{U u} = 0$, qui donne elle seule, en attribuant successivement à u toutes les valeurs dont elle est susceptible, toutes les équations nécessaires à la solution du problême, sauf celles qui dépendent de la nature des corps, et les distinguent les uns des autres, telle qu'est pour les corps durs l'équation

$$\int MUV \cos. \widehat{U V} = 0,$$

$$\text{ou } \int MW^2 = \int MV^2 + \int MU^2;$$

et pour les corps parfaitement élastiques, l'équation $\int MW^2 = \int MV^2$.

THÉORÊME XVII.

191. *Dans un systême de corps parfaitement libre, que ces corps soient d'ailleurs durs, mous ou élastiques, s'il survient un choc :*

1°. *La somme des quantités de mouvement perdues par tous les corps du systême, estimées dans un sens quelconque après le choc, est égale à zéro.*

2°. *La somme des quantités de mouvement perdues par une portion quelconque des corps du systême dans un sens donné, est égale à la somme des quantités de mouvement gagnées, en même temps et dans le même sens, par tous les autres corps du système.*

3°. *La quantité totale de mouvement du système, estimée dans un sens quelconque, reste la même qu'avant le choc.*

En effet, 1°. puisque par hypothèse le systême est parfaitement libre, et que par conséquent il n'y a aucuns points fixes ni obstacles quelconques, on peut imprimer à tout le systême un mouvement commun dans le sens proposé, et ce mouvement sera géométrique (137), puisqu'il ne change rien aux vîtesses relatives, ni par conséquent à l'action réciproque des corps. Soit donc u la vîtesse géométrique qui résultera pour chaque corps M de ce mouvement commun : cette vîtesse u sera la même pour tous les corps du systême. Donc la formule $\int MUu \cos. U\hat{}u = 0$ trouvée ci-dessus (181), se réduira en divisant par u, à $\int MU \cos. U\hat{}u = 0$, qui est visiblement la traduction algébrique de la première partie de la proposition.

2°. Puisque la quantité de mouvement perdue par un corps est égale à la quantité de mouvement gagnée par ce même corps en sens contraire, il est évident que la quantité $\int MU \cos. U\hat{}u$ est la même chose que la somme des quantités de mouvement perdues dans le sens de u, par une portion quelconque des corps du systême, moins la somme des quantités de mouvement gagnées dans le même sens par tous les autres : ce qui est visiblement la seconde partie de la proposition.

3°. Enfin, puisque W est la résultante de V et de U, on a

$$U \cos. U\hat{\ }u = W \cos. W\hat{\ }u - V \cos. V\hat{\ }u.$$

Substituant cette valeur de $U \cos. U\hat{\ }u$ dans l'équation précédente, et transposant, on aura

$$\int M W \cos. W\hat{\ }u = \int M V \cos. V\hat{\ }u.$$

Formule qui est évidemment la traduction de la troisième partie de la proposition.

COROLLAIRE.

192. Nous avons vu (116) que la vîtesse du centre de gravité estimée dans un sens quelconque, est toujours égale à la somme des quantités de mouvement de toutes les parties du systême estimées dans ce même sens divisée par la masse totale du systême. Donc en vertu de la troisième partie de la proposition précédente, la vîtesse du centre de gravité d'un systême de corps parfaitement libre, estimée dans un sens quelconque, n'est point altérée par le choc des corps, quelle que soit d'ailleurs la nature de ces corps ; c'est-à-dire, soit que ces corps soient durs, mous ou doués d'un degré quelconque d'élasticité.

THÉORÈME XVIII.

193. *Dans un systême de corps parfaitement libre, que ces corps soient d'ailleurs de nature quelconque, s'il survient un choc :*

1°. *La somme des momens de rotation des quantités de mouvement perdues par tous les corps du systême, à l'égard d'un axe quelconque pris à volonté dans l'espace, et tendantes à tourner dans un même sens autour de cet axe, est égale à zéro.*

2°. *La somme des momens de rotation des quantités de mouvement perdues par une portion quelconque des corps du systême dans un sens donné autour de cet axe, est égale à la somme des momens des quantités de mouvemens gagnées en même temps et dans le même sens autour de cet axe, par tous les autres corps du systême.*

3°. *La somme des momens de rotation des quantités de mouvement effectives après le choc dans un sens donné autour de l'axe, reste la même qu'avant le choc.*

En effet, 1°. puisque par hypothèse le systême est parfaitement libre, et que par conséquent il n'y a aucun point fixe ni obstacles quelconques, on peut imprimer à tout le systême un mouvement de rotation autour de l'axe proposé, sans rien déranger aux positions respectives des parties de ce systême, et ce mouvement sera géométrique (139), puisqu'il ne change rien aux vîtesses relatives. Soit donc u la vîtesse géométrique, qui résultera pour chaque masse M de ce mouvement géométrique, et R son rayon de circulation, c'est-à-dire sa distance à l'axe donné. Ces vîtesses u seront visiblement entr'elles comme les rayons R; c'est-à-dire qu'on aura $u = a\mathrm{R}$, a étant une quantité constante, ou la même pour tous les corps du systême. Donc la formule $\int \mathrm{MU}u \cos. \mathrm{U}\hat{\ }u = 0$ trouvée (181), deviendra

$$a\int \mathrm{MUR} \cos. \mathrm{U}\hat{\ }\mathrm{cir.R} = 0;$$

c'est-à-dire, que la somme des momens de rotation des quantités de mouvemens perdues par le choc autour de l'axe donné dans le sens du mouvement imprimé, est égale à zéro. Ce qui est la première partie de la proposition.

2°. Puisque la quantité de mouvement perdue par un corps est égale à la quantité de mouvement gagnée par ce même corps en sens contraire, il est évident que la quantité $\int \mathrm{MUR} \cos. \mathrm{U}\hat{\ }\mathrm{cir.R}$, est la même chose que la somme des momens de quantités de mouvement perdues pris dans le sens du mouvement de rotation imprimé par une portion quelconque des corps du systême, moins la somme des momens de quantités de mouvement gagnées dans le même sens par tous les autres ; ce qui est visiblement la seconde partie de la proposition.

3°. Enfin, puisque W est la résultante de V et de U, on a (27)

$$U \cos. \widehat{U\,\mathrm{cir}.R} = W \cos. \widehat{W\,\mathrm{cir}.R} - V \cos. \widehat{V\,\mathrm{cir}.R}.$$

Substituant cette valeur de $U \cos. \widehat{U\,\mathrm{cir}.R}$ dans l'équation ci-dessus, elle deviendra, en divisant tout par a et transposant,

$$\int MWR \cos. \widehat{W\,\mathrm{cir}.R} = \int MVR \cos. \widehat{V\,\mathrm{cir}.R}.$$

Formule qui est évidemment la traduction algébrique de la troisième partie de la proposition. *Ce qu'il falloit démontrer.*

COROLLAIRE PREMIER.

194. La même démonstration auroit lieu évidemment, si le système, au lieu d'être parfaitement libre comme on le suppose, étoit obligé de tourner autour d'un axe fixe donné; car alors en rapportant le moment de rotation à cet axe, on arriveroit à la même formule que ci-dessus. Mais cette formule n'auroit lieu que pour cet axe seul.

COROLLAIRE II.

195. Considérons l'aire balayée par le rayon vecteur, mené de chaque mobile perpendiculairement à l'axe de rotation, ou plutôt la projec-

tion de cette aire sur un plan quelconque perpendiculaire à cet axe, c'est-à-dire la surface comprise sur ce plan entre deux rayons vecteurs menés du point où il est traversé par cet axe aux points de projection de ce mobile. Si l'on nomme dt l'élément du temps, et qu'on multiplie par dt l'équation trouvée ci-dessus (193), on aura

$$\int MWdt.\,R\cos.W\hat{}\,cir.R = \int MVdt.\cos.V\hat{}\,cir.R.$$

Mais il est clair que Wdt est l'élément du chemin qui auroit été parcouru par le mobile M s'il eût été libre; et que par conséquent

$$Wdt\cos.W\hat{}\,cir.R$$

est le chemin estimé dans le sens de la circonférence qui a pour centre le point où l'axe traverse le plan, ou ce qui revient au même, l'arc infiniment petit compris entre les deux rayons vecteurs qui répondroient l'un au commencement, l'autre à la fin de l'instant dt. Par la même raison, $Vdt\cos.V\hat{}\,cir.R$ est l'arc infiniment petit compris entre les deux rayons vecteurs qui répondent réellement, à cause du choc, l'un au commencement, l'autre à la fin de l'instant dt.

Cela posé, il est évident que ces arcs multipliés par R représentent le double des aires compris respectivement entre ces rayons vecteurs. Donc la somme des produits de chacune des masses par l'aire que balaye son rayon vecteur dans

dans un temps infiniment court, est le même que s'il n'y avoit point eu de choc ; et comme la même chose a lieu pour tous les instans, on peut dire que quels que soient les chocs qui surviennent dans un système de corps libre, ou forcé de tourner autour d'un axe donné, la somme des produits de chacune des masses, par l'aire que balaye son rayon vecteur dans le sens perpendiculaire à cet axe, est le même pour un temps donné quelconque, que si les corps fussent tous demeurés libres. Cette loi s'appelle *principe des aires.* Elle a été trouvée par d'Arcy. Elle s'applique évidemment comme cas particulier à celui où le mouvement change par degrés insensibles.

THÉORÊME XIX.

196. *Dans le choc des corps, que ces corps soient durs ou non, et que l'action soit immédiate, ou qu'elle se fasse par le moyen d'une machine quelconque sans ressort ou à ressort :*

1°. *La somme des momens de percussion de tous les corps du système à l'égard d'un mouvement quelconque géométrique, est égale à zéro.*

2°. *La somme des momens d'activité de tous les corps du système avant le choc, à l'égard d'un mouvement quelconque géométrique, est égale à la somme des momens d'activité après le choc à l'égard du même mouvement géométrique.*

En effet, la première partie de cette proposition n'est évidemment autre chose (67) que la traduction de la formule $\int M U u \cos. \widehat{U u} = 0$ trouvée (181).

La seconde partie n'est autre chose évidemment (67) que la traduction de la formule

$$\int M W u \cos. \widehat{W u} - \int M V u \cos. \widehat{V u} = 0$$

trouvée (183), ou

$$\int M W u \cos. \widehat{W u} = \int m V u \cos. \widehat{V u}.$$

Ce qu'il falloit prouver.

En regardant la pression comme une percussion infiniment petite, on pourra appliquer ce théorême aux forces mortes, aussi bien qu'à celles qu'on nomme quantités de mouvement. C'est-à-dire qu'alors, quel que soit l'état de repos ou de mouvement du systême, la somme des momens de pression de tous les corps du systême à chaque instant sera o à l'égard de tout mouvement quelconque géométrique. Ce qui n'est, à proprement parler, que le principe des vîtesses virtuelles exprimé en d'autres termes.

COROLLAIRE.

197. Il y a donc, comme on le voit par la seconde partie de la proposition précédente; il y

a, dis-je, dans toute percussion ou communication de mouvement, soit immédiate, soit faite par l'entremise d'une machine quelconque, une quantité qui n'est point altérée par le choc. Cette quantité n'est pas, comme l'avoit pensé Descartes, la somme des quantités de mouvement: ce n'est pas non plus la somme des forces vives; car celle ci ne se conserve (177) que dans le cas où le mouvement change par degrés insensibles, et elle diminue toujours (178) lorsqu'il y a percussion.

Lorsque le systême est libre, la quantité de mouvement estimée dans un sens quelconque, est à la vérité la même (191) avant et après la percussion; mais cette conservation n'a plus lieu s'il y a des obstacles, non plus que celle des momens de quantités de mouvement rapportées à différens axes (193). Toutes ces quantités sont altérées par le choc, ou du moins ne se conservent que dans quelques cas particuliers.

Mais il est une autre espèce de quantités, que ni les divers obstacles qui s'opposent au mouvement, ni les machines qui le transmettent, ni la dureté, la mollesse ou les différens degrés d'élasticité des corps, ni enfin l'intensité de la percussion, ne peuvent changer. C'est le moment d'activité du systême général à l'égard de chacun des mouvemens géométriques dont il est susceptible.

Et si l'on réunit cette loi qui appartient à tous les corps, à celle qui caractérise la nature de chacun d'eux; c'est-à-dire, qui dépend de sa qualité de corps dur, mou ou élastique, on aura dans chaque cas toutes les équations qui seront nécessaires à la solution de la question qui pourra être proposée.

Si le choc détruisoit tous les mouvemens, on auroit $V = 0$: ainsi la formule trouvée (183), se réduiroit $\int m W u \cos. W^{\wedge} u = 0$, qui nous apprend que ce cas arrive lorsque le moment d'activité du système général immédiatement avant le choc, est nul relativement à tous les mouvemens géométriques dont il est susceptible.

Remarque.

198. Jusqu'ici nous n'avons considéré que ce qui arrive dans le choc des corps opéré soit immédiatement, soit par l'entremise d'une machine quelconque : et comme il s'agissoit de changemens brusques, nous n'avons dû avoir aucun égard aux forces motrices, qui ne peuvent produire de mouvement effectif que dans un laps de temps. Nous allons maintenant considérer l'état du système comme changeant par degrés insensibles, et par conséquent, nous devons tenir compte de l'effet des forces motrices.

Ces forces motrices pouvant être considérées

comme des degrés infiniment petits de quantité de mouvement imprimés à chaque instant, sont soumises aux mêmes lois que les quantités de mouvement que nous venons de considérer. Si donc à un système de corps en repos, on vient à appliquer des forces motrices quelconques, comme, par exemple, si un système de corps pesans, maintenant en repos jusqu'à un instant donné, est tout-à-coup abandonné à l'action de la pesanteur ; le mouvement initial devra se déterminer par les formules trouvées pour le cas où le changement est brusque ; parce qu'en effet il est tel par rapport à son état primitif, quel petit que soit ce mouvement initial, puisque le mouvement passe du zéro à l'existence. Mais lorsque le mouvement est commencé, le changement qu'il éprouve à chaque instant étant infiniment petit par rapport au mouvement précédent, est le résultat des forces motrices d'une part, et de la force d'inertie de l'autre, qui se combinent et produisent les incrémens instantanés ou les différentielles des quantités de mouvement. Il faut donc avoir égard à ces forces motrices, qui d'ailleurs étant assujéties aux mêmes lois que les quantités de mouvement finies, font de la théorie qui nous reste à examiner, un cas particulier de celle qui vient d'être établie en général pour le choc des corps ; mais comme il s'agit maintenant de considérer pour chaque instant l'état variable du système, cette application exige nécessairement l'emploi des quantités infinitésimales.

THÉORÈME XX.

199. *Lorsqu'un système de corps durs libre ou appliqué à une machine quelconque sans ressort, et animé de forces motrices quelconques, change de mouvement par degrés insensibles; si pour un instant quelconque du mouvement, on nomme* m *chacun des corpuscules du système*, V *sa vîtesse*, P *sa force motrice*, u *la vîtesse qu'il prendroit, si supprimant tout-à-coup le mouvement actuel, on lui substituoit un autre mouvement quelconque géométrique;* dt *l'élément du temps :* on aura les deux équations suivantes :

$$SmVdV - SmVPdt\cos.\widehat{VP} = 0 \ldots\ldots (M)$$

$$Smud\left(V\cos.\widehat{uV}\right) - SmuPdt\cos.\widehat{uP} = 0. (N)$$

En effet 1°. $Pdt\cos.\widehat{VP}$ est visiblement la vîtesse que la force motrice P auroit fait naître dans *m* pendant *dt*, dans le sens de V, si ce corps eût été libre. De plus, *d*V est la vîtesse qu'il reçoit réellement dans ce même sens pendant le même temps. Donc $Pdt\cos.\widehat{VP} - dV$ est la vîtesse perdue par *m* pendant *dt* dans le sens de V, en vertu de l'action réciproque des corps. C'est donc cette quantité qu'il faut mettre pour

$U \cos. U \hat{} V$, en même temps que m pour M dans la formule $SMUV \cos. U \hat{} V = 0$ trouvée (169). Or cette formule devient par cette substitution,

$$SmVdV - SMVPdt \cos. V \hat{} P = 0.$$

Ce qu'il falloit premièrement démontrer.

2°. $Pdt \cos. u \hat{} P$ est la vîtesse que la force motrice P auroit fait naître dans m pendant dt dans le sens de u, si ce corps eût été libre. De plus, $V \cos. V \hat{} u$ étant la vîtesse de m dans le sens de u, $d\left(V \cos. V \hat{} u\right)$ est celle que gagne ce corps dans le sens de u pendant dt; donc

$$Pdt \cos. u \hat{} P - d\left(V \cos. V \hat{} u\right)$$

est la vîtesse que perd m pendant dt dans le sens de u, en vertu de l'action réciproque des corps. C'est donc cette quantité qu'il faut mettre pour $U \cos. U \hat{} u$, en même temps que m à la place de M dans la formule générale $SMUu \cos. U \hat{} u = 0$ trouvée (181). Or cette formule devient par cette substitution,

$$Smud\left(V \cos. V \hat{} u\right) - SmuPdt \cos. u \hat{} P = 0.$$

Ce qu'il falloit secondement démontrer.

Ces deux formules (M), (N) renferment toutes les lois de l'équilibre et du mouvement dans un systême de corps durs qui change par degrés insensibles. Elles sont, comme l'on voit, fort simples, et ont l'avantage de ne renfermer que des différentielles du premier ordre.

COROLLAIRE.

200. Lorsqu'il y a équilibre, les termes de l'équation (M) s'évanouissent, ainsi que le premier terme de l'équation (N). Cette équation se réduit donc, en divisant tout par dt, à

$$SmP.u\cos.\widehat{uP}=o, \qquad (N')$$

qui est le principe général de l'équilibre dans un systême quelconque de forces motrices mP.

Comme u représente ici toute vîtesse géométrique possible, et que (161) les vîtesses virtuelles sont des vîtesses géométriques; il suit que nous pouvons prendre pour u une vîtesse quelconque virtuelle.

D'un autre côté, mP peut représenter toute force mouvante F. Donc l'équation (N′) peut se mettre sous cette forme:

$$SF.u\cos.\widehat{uF}=o, \qquad (N''),$$

u représentant la vîtesse virtuelle de F. Or cette formule est visiblement l'expression du fameux principe des vîtesses virtuelles. Nous reviendrons sur ce principe (215 et suiv.).

THÉORÊME XXI.

201. *Dans tout systême de corps dont le mouvement change par degrés insensibles, la*

somme des forces vives augmente pendant un temps quelconque donné, d'une quantité toujours égale au double du moment d'activité consommé dans le même temps par toutes les forces motrices.

Car la formule (M) trouvée (199), donne, comme on l'a vu, en nommant ds l'élément de la courbe décrite par m pendant dt, et intégrant,

$$S\int m P ds \cos. \widehat{ds P} - \tfrac{1}{2}\int m V^2 + C = 0,$$

C étant une constante égale à la demi-somme des forces vives initiales. Donc l'augmentation des forces vives, c'est-à-dire, $\int m V^2 - 2C$ est égale à $2S\int m P ds \cos. \widehat{ds P}$, quantité qui est (65) le moment d'activité consommé pendant le mouvement du système, par toutes les forces motrices.

COROLLAIRE.

202. La force d'inertie de m, estimée dans le sens de V, est $-m\dfrac{dV}{dt}$. Donc le moment d'activité absorbé par cette force d'inertie pendant dt, est $mVdV$; donc le moment d'activité absorbé par cette même force pour tout le système dans le même instant, est $SmVdV$; donc le moment d'activité absorbé par cette même force d'inertie pour tout le système et pour tout le temps du mouvement, est en complétant l'intégrale, $\tfrac{1}{2}\int m V^2 + C$. Donc puisque par la for-

mule (M), cette quantité moins $S\int mPds \cos. \widehat{ds\,P}$ est o, il suit que cette dernière quantité est égale au moment d'activité absorbé par la force d'inertie de toutes les parties du systême pendant toute la durée du mouvement; c'est-à-dire donc, que dans tout systême dont le mouvement change par degrés insensibles, le moment d'activité $S\int mPds \cos. \widehat{ds\,P}$ consommé par toutes les forces motrices, est égal au moment d'activité $\frac{1}{2}\int mV^2 + C$ absorbé en même temps par la force d'inertie.

THÉORÊME XXII.

203. *Lorsqu'un systême de corps durs, libre ou appliqué à une machine quelconque sans ressort, et animé de forces motrices quelconques, change de mouvement par degrés insensibles, la force vive au bout d'un temps donné est égale à la force vive initiale, plus à la force vive qui auroit lieu, si chacun des corps du systême avoit pour seule vîtesse celle qu'il auroit acquise en parcourant librement la courbe qu'il a décrite; supposant d'ailleurs qu'il n'eût été animé à chaque point de cette courbe, que de la même force motrice qu'il y éprouve réellement, et que sa vîtesse initiale eût été nulle.*

Ce théorême est ce qu'on appelle principe de la *conservation des forces vives*, dans un systême de corps durs qui change par degrés insensibles.

Si l'on conçoit que la courbe décrite par chacun des corpuscules du systême soit une ligne inflexible, dans laquelle ce corpuscule soit enfilé comme un grain mobile, qu'au premier instant sa vîtesse soit o, et qu'ensuite il se meuve librement le long de cette ligne inflexible, c'est-à-dire sans être gêné par les autres parties du systême; mais qu'il reste à chaque point animé de la même force motrice qu'il éprouve effectivement à ce même point de sa courbe dans l'état réel du systême : je dis qu'alors la somme des forces vives qu'auront acquises tous les corps à la fin de leurs mouvemens, sera la même que celle qui a effectivement lieu à la fin du mouvement dans l'état réel du systême. Tel est le sens de la proposition qu'il faut démontrer.

Or en conservant les dénominations de la formule (M) (199), nous aurons $Vdt = ds$, et par conséquent l'équation (M) prend la forme

$$SmPds\cos . \widehat{ds\,P} - SmVdV = o.$$

Supposant donc, comme on vient de le dire, que la courbe décrite par m soit une ligne inflexible parcourue librement par m, comme un grain mobile enfilé dans cette courbe, et dégagé de toute pression ou traction de la part des autres corps du systême, et qu'enfin il éprouve à chaque point de cette courbe, la même force motrice P que celle dont il est animé dans l'état réel des choses. Si l'on nomme K la vîtesse initiale de m, dans cet état réel, tandis qu'elle est supposée o dans la nouvelle hypothèse, et V' la vîtesse de m sur l'élément ds, également dans la nouvelle hypothèse; on aura, en intégrant l'équation précédente pour avoir l'état réel du systême au bout du temps t,

$$S\int mP\,ds\cos.\,ds\hat{}P - S\int mV\,dV = 0,$$

$\int$ désignant le signe d'intégration relatif à la durée du mouvement, tandis que S est le signe d'intégration relatif à la figure du systême. Or $S\int mV\,dV = \frac{1}{2}SmV^2$. Donc l'équation peut se mettre sous cette forme,

$$S\int mP\,ds\cos.\,ds\hat{}P - \tfrac{1}{2}SmV^2 + C = 0,$$

C étant une constante ajoutée pour compléter l'intégrale.

Pour déterminer cette constante, on observera qu'au premier instant on a

$$V = K, \text{ et } S\int mP\,ds\cos.\,ds\hat{}P = 0,$$

puisque la force motrice n'a encore produit aucun effet. Donc $C = \frac{1}{2}SmK^2$; donc

$$S\int mP\,ds\cos.\,ds\hat{}P - \tfrac{1}{2}SmV^2 + \tfrac{1}{2}SmK^2 = 0.$$

Mais par la même raison, on voit que dans la nouvelle hypothèse, on doit avoir

$$S\int mP\,ds\cos.\,ds\hat{}P - \tfrac{1}{2}SmV'^2 = 0;$$

puisque dans ce cas, la vîtesse initiale est supposée nulle, et que d'ailleurs P est la même que dans le premier cas. Otant donc cette équation de la première, et réduisant, on aura

$$SmV^2 = SmK^2 + SmV'^2. \qquad (P)$$

Ce qu'il falloit démontrer.

COROLLAIRE PREMIER.

204. Si la force motrice P est o; c'est-à-dire si le systême n'est animé d'aucune force motrice, et que chacun des corps n'éprouve de changement que par la force d'inertie qui fait agir et réagir les unes sur les autres les différentes parties du systême; le premier terme de l'équation précédente (M), (199) deviendra o. On aura donc $V' = 0$, et par conséquent, la formule (P) deviendra $SmV^2 = SmK^2$; c'est-à-dire, que la somme des forces vives demeurera constante, ainsi que nous l'avons déjà trouvé (177).

COROLLAIRE II.

205. Si la force P étoit produite par une attraction mutuelle exercée entre les différens corps du systême, ou par des points fixes quelconques sur ces corps, quelle que fût d'ailleurs la loi de cette attraction, pourvu qu'elle ne dépendît que des distances; il est évident que la force vive qui naîtroit de cette attraction, entre ces corps deux à deux, à chaque instant, seroit

égale au produit de la somme de leurs masses multipliées chacune par la force attractive qu'elle éprouve, le tout multiplié par la quantité dont ces corps se rapprocheroient pendant cet instant. Donc cette force attractive se retrouvant par hypothèse la même à distances égales, la force vive qu'elle aura fait naître entre deux corps se retrouvera toujours la même, quand ces corps se retrouveront à la même distance l'un de l'autre, quelques routes qu'ils aient tenues d'ailleurs chacun en particulier. Donc la force vive qui naît dans le systême général, ne dépend ni de la route que chaque corps tient en particulier, ni du temps qu'il met à la parcourir, mais uniquement de la position où il se trouve à l'égard des autres corps du systême. Donc l'augmentation de cette force vive sera toujours la même, lorsque les corps seront partis d'une position donnée, et qu'ils seront arrivés à une autre position donnée. Et cette augmentation sera nulle, c'est-à-dire, que la somme des forces vives se retrouvera la même à la fin du mouvement qu'au premier instant, si les corps se retrouvent dans leur position primitive.

COROLLAIRE III.

Si les corps se transmettoient leurs actions respectives par des machines à ressort, et que la pression de ces ressorts ne dépendît que de leur plus ou moins grande contraction, et non de causes accidentelles, telles que la température; alors la force vive que feroit naître chacun d'eux, ne dépendroit que de la quantité dont il se seroit dilaté, et nullement du temps qu'il auroit employé à cela. Car la quantité de force vive que feroit naître à chaque instant sa pression, dans quelque position qu'il se trouve d'ailleurs, est le produit de cette pression par le chemin infiniment petit que font ses extrémités pour s'éloigner. Donc l'augmentation de force vive du système sera toujours la même, lorsque chaque ressort partant d'un degré de contraction donné, sera arrivé à un autre état quelconque de contraction aussi donné. Cette augmentation sera donc nulle, c'est-à-dire que la somme des forces vives se retrouvera la même, si à la fin du mouvement les ressorts se trouvent dans le même état de compression qu'au premier instant.

COROLLAIRE IV.

206. S'il y avoit tout-à-la-fois des ressorts dont la pression dépendît uniquement de leurs degrés de contraction, et des forces attractives ou répulsives qui s'exerçassent en raison de fonctions quelconques des distances, l'augmentation ou la diminution de forces vives qui auroit lieu au bout d'un temps quelconque, ne dépendroit pareillement que du degré de contraction de ces

ressorts, et des distances respectives des corps du systême, mais nullement de la position absolue des unes et des autres, ni des routes qu'ils auroient pu tenir pour arriver à leurs nouvelles positions; de manière que si ces positions des corps et des ressorts se retrouvoient les mêmes qu'au premier instant du mouvement, l'accroissement ou la diminution de la force vive seroit nulle.

COROLLAIRE V.

207. Si la force motrice P est constante, tant pour son intensité que pour sa direction; si c'est, par exemple, la gravité ordinaire à la surface de la terre que je nommerai g. La formule (M) (199) deviendra, en intégrant par rapport à $\int$,

$$g\,\mathrm{S}\int m\,ds\cos.\widehat{ds\,g}=\tfrac{1}{2}\mathrm{S}m\mathrm{V}^2.$$

Or il est clair que si l'on nomme h la hauteur dont le corpuscule m est descendu pendant le temps t, on aura $ds\cos.\widehat{ds\,g}=dh$. Donc la formule deviendra

$$g\,\mathrm{S}\int m\,dh-\tfrac{1}{2}\mathrm{S}m\mathrm{V}^2+\mathrm{C}=0,$$

$$\text{ou } g\,\mathrm{S}mh-\tfrac{1}{2}\mathrm{S}m\mathrm{V}^2+\mathrm{C}=0.$$

COROLLAIRE VI.

208. Mais si l'on nomme M la masse totale du systême, et H la hauteur dont est descendu le centre de gravité, on aura (114) $\mathrm{S}mh=\mathrm{MH}$. Donc la formule devient

$$g\mathrm{MH}-\tfrac{1}{2}\mathrm{S}m\mathrm{V}^2+\mathrm{C}=0,$$

C représentant la moitié de la force vive initiale. Supposant donc que la vîtesse initiale de m soit K, on aura $C = \frac{1}{2} SmK^2$, et l'équation sera

$$gMH - \frac{1}{2}SmV^2 + \frac{1}{2}SmK^2 = 0,$$

ou en multipliant par 2 et transposant,

$$SmV^2 = SmK^2 + 2g.MH.$$

C'est-à-dire, que dans un systême quelconque de corps pesans, agissant les uns sur les autres immédiatement, mais changeant de mouvemens par degrés insensibles, la somme des forces vives au bout d'un temps quelconque est égale à la somme des forces vives initiales, plus au double du poids (gM) du systême total, multiplié par la hauteur dont le centre de gravité est descendu pendant ce temps.

COROLLAIRE VII.

209. Soit V' la vîtesse qu'acquerroit un corps qui tomberoit librement de la hauteur H, et qu'on nomme vîtesse due à la hauteur H : on aura donc

$$V'dV' = gdH,$$

ou en intégrant et supposant que la vîtesse initiale soit 0, on aura $\frac{1}{2}V'^2 = gH$, ou multipliant par $2M$, $2gMH = V'^2$.

Substituant cette valeur de $2gMH$ dans l'équation du corollaire précédent, on aura

$$SmV^2 = SmK^2 + MV'^2.$$

C'est-à-dire, que dans toute machine à poids dont

le mouvement change par degrés insensibles, la somme des forces vives au bout d'un temps donné quelconque, est égale à la somme des forces vives initiales, plus la force vive qui auroit lieu, si la masse totale du systême réunie au centre de gravité étoit tombée librement de la hauteur qu'a en effet parcourue de haut en bas ce centre de gravité.

COROLLAIRE VIII.

210. Si le centre de gravité est fixé, de manière qu'il ne puisse ni monter ni descendre, la hauteur H sera o. Donc on aura $SmV^2 = SmK^2$. Ainsi la somme des forces vives sera constante, comme si les corps du systême étoient tous sans pesanteur.

COROLLAIRE IX.

211. Si l'on est assuré que le centre de gravité ne sauroit descendre, et qu'en outre la vitesse initiale de chaque corps soit o, on aura $K = o$; donc $SmV^2 = o$. Or V^2 étant nécessairement toujours positive, soit que V soit elle-même positive ou négative; l'équation précédente ne peut avoir lieu sans qu'on n'ait $V = o$; c'est-à-dire, sans qu'il y ait équilibre. Donc, en général, pour démontrer qu'une machine à poids abandonnée à elle-même, à laquelle on n'a imprimé aucun mouvement, doit rester en équilibre, il suffit de prouver que le centre de gravité ne descendra pas.

COROLLAIRE X.

212. Donc si le centre de gravité est au point le plus bas possible, il y aura équilibre; car on vient de voir qu'il suffit pour cela de prouver que le centre de gravité du système ne descendra pas. Or comment descendroit-il, puisque par hypothèse, il est au point le plus bas possible?

COROLLAIRE XI.

213. S'il n'y avoit que deux poids dans le système, et que la machine ne pût se mouvoir sans que l'un des corps montât pendant que l'autre descendroit, et que de plus, leurs vîtesses fussent alors en raison inverse de ces poids, il y auroit nécessairement équilibre, quelle que fût l'espèce de la machine. Car dans cette hypothèse, il est clair que la vîtesse verticale du centre de gravité seroit o au premier instant. Donc par le corollaire VIII, il y auroit équilibre.

THÉORÈME XXIII.

214. *Si un système de corps change de mouvement par degrés insensibles, et qu'il passe par une position où les forces motrices seules se feroient mutuellement équilibre; la somme des forces vives à cette époque sera un* minimum *ou un* maximum.

Car l'équation (M) (199) donne

$$SmVPdt\cos.\hat{VP} = SmVdV.$$

Mais V est une vîtesse géométrique (153). Donc le premier terme (200) de cette équation est o lorsqu'il y a équilibre. Donc dans le cas d'équilibre, on a

$$SmVdV = o, \text{ ou } dSm\int V^2 = o.$$

Donc $Sm\int V^2$ est un *minimum* ou un *maximum*. C'est en cela que consiste le principe d'équilibre proposé par Courtivron.

THÉORÊME XXIV.

215. *Lorsque plusieurs corps animés de diverses forces motrices se font mutellement équilibre, si l'on vient à imprimer au systéme un mouvement quelconque géométrique, la somme des produits de chacune de ces forces motrices, par sa vîtesse géométrique estimée dans le sens de cette force, est égale à zéro.*

Cela résulte évidemment de la formule (N) trouvée (199); car alors on a par hypothèse $V = o$; donc le premier terme de cette formule se réduit à zéro; donc en divisant par dt, elle se réduit à $SmP.u\cos.u\hat{\ }P = o$, qui est précisément la traduction algébrique du théorême énoncé. *Ce qu'il falloit prouver.*

COROLLAIRE PREMIER.

216. Toute force quelconque de pression, telle que celles qu'exercent les hommes, les ani-

maux, les ressorts, peut être évaluée par une force motrice comme un poids. De plus, nous avons vu (161) que toute vîtesse virtuelle appartient à un mouvement géométrique. Donc du théorême précédent suit cette proposition, qui est le fameux principe des vîtesses virtuelles.

Si plusieurs forces appliquées à un systéme ou une machine quelconque se font mutuellement équilibre, et si cet équilibre vient à être dérangé par l'action d'une nouvelle puissance infiniment petite; la somme des produits de chacune de ces forces, par sa vîtesse virtuelle estimée dans le sens de cette force, c'est-à-dire par la vîtesse infiniment petite du point où elle est appliquée, estimée dans le sens de cette force, sera égale à zéro.

S'il n'y a que deux forces dans le systême, et qu'il y ait équilibre; ces deux forces seront donc, en raison réciproque de leurs vîtesses virtuelles, estimées dans le sens de ces forces.

COROLLAIRE II.

217. Donc si un fluide incompressible sans pesanteur ni forces motrices quelconques, est enfermé de tous côtés dans un vase, et qu'ayant fait aux parois de ce vase deux ouvertures infiniment petites inégales, on y applique perpendiculairement des pistons poussés par des forces qui se fassent mutuellement équilibre; ces deux

forces seront entre elles comme les aires des ouvertures infiniment petites faites aux parois ; car il est évident que cette condition est nécessaire pour que ces forces soient en raison réciproque des vîtesses virtuelles, qui auroient lieu si l'équilibre venoit à être infiniment peu dérangé.

COROLLAIRE III.

218. Puisque par le théorême précédent nous avons pour le cas d'équilibre,

$$S\,muP\cos.\widehat{uP} = 0.$$

En multipliant tout par dt, et observant que udt est l'espace infiniment petit décrit par m et $udt\cos.\widehat{uP}$ ce même espace estimé dans le sens de la force P ; il suit que si P est une force d'attraction entre les corps ou vers des points fixes, et que l'on nomme p la distance de m au point dont il est attiré, on aura $udt\cos.\widehat{uP} = -dp$, et que par conséquent l'équation

$$S\,muP\cos.\widehat{uP} = 0,$$

se réduira à $S\,mPdp = 0$.

Supposant donc que l'attraction s'exerce en raison d'une fonction des distances, $S\,mPdp$ sera susceptible d'une intégrale exacte fonction de p, et si l'on suppose que Π soit cette intégrale exacte, c'est-à-dire, qu'on ait $\Pi = \int S\,mPdp$; on aura $\delta\Pi = 0$; donc Π sera un *minimum* ou un *maximum* ; c'est-à-dire que lorsque plusieurs corps animés de forces attractives réciproques, ou dirigées vers des points fixes donnés, et fonctions des distances sont appliqués à une machine ; la position de l'équilibre est celle où la somme des produits des forces motrices par les distances des corps qui en sont animés aux points vers lesquels ils sont attirés, est un *maximum* ou un *minimum*.

La même chose auroit lieu également, si l'attraction s'exerçoit entre les corps même du systême, quoique mobiles, en supposant qu'alors p désigne les distances des uns aux autres, parce que l'action et la réaction étant toujours égales et contraires entre eux deux à deux, la quantité $SmPdp$ seroit évidemment toujours o comme ci-dessus. C'est ce principe qui a été donné par Maupertuis sous le nom de *loi du repos*. Nous y reviendrons à la fin de cet ouvrage.

COROLLAIRE IV.

219. Le théorême énoncé ci-dessus peut s'appliquer au cas du mouvement ; car alors le mouvement avec lequel chaque point tend à se mouvoir, se décompose en deux, dont l'un reste et opère le mouvement subséquent, et dont l'autre est détruit. Or ce mouvement détruit est assujéti (169, 190) à la loi énoncée par le théorême ci-dessus ; c'est-à-dire, que *quel que soit l'état de repos ou de mouvement où se trouve un sys-*

tême quelconque de forces appliquées à une machine, si on lui fait prendre tout-à-coup un mouvement quelconque géométrique, sans rien changer à ces forces; la somme des produits de chacune d'elles par la vitesse qu'aura dans le premier instant le point où elle est appliquée, estimée dans le sens de cette force, sera égale à zéro.

Il ne sera peut-être pas inutile de prévenir une objection qui pourroit se présenter à l'esprit de ceux qui n'auroient pas fait attention au véritable sens du mot *force*. Imaginons, par exemple, dira-t-on, un treuil à la roue et au cylindre duquel soient suspendus des poids, par des cordons verticaux : s'il y a équilibre, ou que le mouvement soit uniforme, le poids attaché à la roue sera à celui du cylindre, comme le rayon du cylindre est au rayon de la roue. Mais il n'en est pas de même, lorsque la machine prend un mouvement accéléré ou retardé : il paroît donc qu'alors les forces ne sont pas en raison réciproque de leurs vitesses estimées dans le sens de ces forces; comme il devroit suivre de la proposition. La réponse à cela est que dans le cas où le mouvement n'est pas uniforme, les poids en question ne sont pas les seules forces exercées dans le système; car le mouvement de chaque corps changeant continuellement, il oppose aussi à chaque instant par son inertie une résistance à ce changement d'état : il faut donc tenir compte de cette résistance. Ainsi les forces exercées par les corps ne sont pas leurs poids seuls, mais les quantités de mouvement perdues par ces corps, lesquelles doivent s'estimer par les tensions des cordons auxquels ils sont suspendus. Or que la machine soit en repos ou en mouvement, que ce mouvement soit uniforme ou non, la tension du cordon attaché à la roue est à celle du cordon attaché au cylindre, comme le rayon du cylindre est au rayon de la roue; c'est-à-dire, que ces tensions qui sont les vraies forces exercées par les corps, les vraies quantités de mouvement qui se détruisent l'une l'autre, sont toujours en raison des vîtesses de ces corps : ce qui est conforme à la proposition.

COROLLAIRE V.

220. Lorsque les forces en équilibre autour d'une machine se réduisent à deux, quel que puisse être le mouvement géométrique imprimé au systême, il est clair par le théorême, que l'une des forces sera sollicitante, et l'autre résistante; c'est-à-dire, que l'une des deux fera un angle aigu avec la direction de sa vîtesse, et l'autre un angle obtus avec la sienne; car le produit d'une force par sa vîtesse estimée dans le sens de cette force, est le produit de cette même force par le cosinus de l'angle qu'elle forme avec sa vî-

tesse (26). Donc la somme de ces deux produits ne peut se réduire à zéro, sans que l'un des cosinus soit négatif; c'est-à-dire sans que l'un des angles soit obtus tandis que l'autre est aigu.

COROLLAIRE VI.

221. Concevons un systême quelconque de corps animés de forces motrices quelconques, appliqués à une machine : nommons m chacune des masses du systême, u sa vîtesse, k la vîtesse initiale, p la force accélératrice de m lorsqu'elle est sollicitante, p' lorsqu'elle est résistante, et dt l'élément du temps. Nous aurons donc au bout d'un temps donné,

$$\int dt\,\mathrm{S}mpu \cos. p\hat{\ }u - \int dt\,\mathrm{S}mpu \cos. p'\hat{\ }u$$
$$= \tfrac{1}{2}\mathrm{S}mu^2 - \tfrac{1}{2}\mathrm{S}mk^2;$$

mais le premier terme de cette équation est (63) le moment d'activité consommé par toutes forces sollicitantes; et le second, est le moment d'activité absorbé par les forces résistantes. Supposons donc que ces momens soient M, M', l'équation deviendra,

$$\mathrm{M} - \mathrm{M}' = \tfrac{1}{2}\mathrm{S}mu^2 - \tfrac{1}{2}\mathrm{S}mk^2.$$

Et comme u^2 étant un carré, est toujours positive, $\mathrm{S}mu^2$ ne pourra jamais devenir négative. Donc si l'on suppose $k = 0$ on aura nécessairement $\mathrm{M} > \mathrm{M}'$; donc nous pouvons établir en principe, que *quelles que soient les forces appliquées à un système quelconque de corps en repos au premier instant du mouvement, le moment d'activité consommé au bout d'un temps donné quelconque, par les forces motrices sollicitantes, est toujours plus grand que le moment d'activité absorbé en même temps par les forces motrices résistantes.*

D'où il suit, par exemple, que de quelque manière qu'on applique des poids à une machine en repos au premier instant, il est impossible que le centre de gravité du système monte, lorsqu'on abandonnera ce système à lui-même.

COROLLAIRE VII.

222. Puisqu'en supposant qu'il naisse un mouvement quelconqne, la quantité M est nécessairement plus grande que M′, il suit que si l'on peut s'assurer que M ne peut être plus grand que M′, il y aura nécessairement équilibre. Donc nous pouvons établir ce nouveau principe d'équilibre qui n'est qu'une généralisation de celui que nous avons donné pour les machines à poids (211).

Pour s'assurer que plusieurs forces motrices appliquées à une machine en repos au premier instant doivent demeurer en équilibre, il suffit de prouver que si cela n'étoit pas, le moment d'activité consommé au premier instant du mouvement, par toutes les forces motrices sollicitantes, seroit moindre ou du moins ne seroit pas plus grand, que le moment d'activité absorbé en même temps par les forces motrices résistantes.

Ce principe est vrai sans exception, et s'applique même aux cas qui échappent à celui des vîtesses virtuelles. Car soit, par exemple, (fig. 24) un poids A placé entre deux plans inclinés $\overline{RP}$, $\overline{RQ}$; on ne peut appliquer à ce cas le principe des vîtesses virtuelles, parce qu'on ne peut déranger l'équilibre qu'au moyen d'une force finie, au lieu que le principe qu'on vient d'énoncer renferme visiblement ce cas et tous ceux du même genre.

La proposition précédente peut encore s'énoncer comme il suit.

Une machine quelconque ne peut se mettre en mouvement sans que la somme des produits de chacune des forces qui lui sont appliquées, par sa vîtesse estimée dans le sens de cette force, ne soit positive et plus grande que 0, au bout du premier instant.

THÉORÈME XXV.

223. *Si plusieurs forces motrices sont appliquées, aux diverses parties d'un systéme quelconque de corps parfaitement libre, le centre de gravité se meut de la même manière, que si la masse totale du systéme étoit réunie en ce seul point,*

et que toutes les forces lui fussent immédiatement imprimées.

Car le systême n'étant, par hypothèse, gêné par aucun obstacle, il recevra dans chaque sens la somme totale des forces imprimées dans ce même sens. Mais (115) le centre de gravité se meut toujours dans quelque sens que ce soit, avec une vîtesse qui, multipliée par la masse totale du systême, égale la quantité totale du mouvement dans le même sens. Donc le mouvement du centre de gravité est toujours le même, quelle que soit la figure du systême, dès que ce systême n'est gêné par aucun obstacle. Donc il est le même que si toute la masse du systême lui étoit réunie.

THÉORÈME XXVI.

224. *Dans tout systême de forces considérées comme immatérielles, (ou abstraction faite de la force d'inertie) dont le mouvement change par degrés insensibles, le moment d'activité consommé dans un temps donné par toutes les forces sollicitantes, est constamment égal au moment d'activité absorbé dans le même temps par toutes les forces résistantes.*

Car si l'on nomme F chacune des forces sollicitantes, V la vîtesse du point où elle est appliquée, f chacune des forces résistantes, v la vîtesse du point où elle est appliquée, et dt l'élément du temps, on aura (200)

$$\mathrm{SFV}\cos.\mathrm{F}\hat{\ }\mathrm{V} - \mathrm{S}fv\cos.f\hat{\ }v = 0.$$

Multipliant par dt et intégrant pour avoir l'état du système au bout d'un temps quelconque, on aura

$$\mathrm{S}\!\int\!\mathrm{FV}dt\cos.\mathrm{F}\hat{\ }\mathrm{V} - \mathrm{S}\!\int\! fv\,dt\cos.f\hat{\ }v = 0.$$

Mais le premier terme de cette formule, est (63) le moment d'activité consommé par les forces sollicitantes F, pendant la durée du mouvement : et le second terme, est le moment d'activité absorbé par les forces résistantes dans le même temps. Donc le moment d'activité consommé par les forces F, est égal au moment d'activité absorbé par les forces f. *Ce qu'il falloit prouver.*

THÉORÈME XXVII.

225. *S'il y a équilibre entre plusieurs forces appliquées simultanément à une machine, et que l'on considère tant ces forces actives appliquées à la machine, que celles qui sont exercées par les obstacles même ou points fixes qui en font partie ;*

1°. *La somme de toutes ces forces estimées dans un sens quelconque sera égale à zéro.*

2°. *La somme des momens de ces mêmes forces, tendant à faire tourner dans un même sens, autour d'un axe quelconque pris à volonté dans l'espace, est aussi égale à zéro.*

Car en substituant aux forces passives exercées par les obstacles, des forces actives comme celles qui sont appliquées à la machine, le système deviendra parfaitement libre; et l'on pourra lui appliquer les mêmes raisonnemens qui ont été faits (191 et 193). *Ce qu'il falloit démontrer.*

226. S'il n'y avoit dans le systême qu'un axe fixe; toutes les forces passives exercées par cet axe n'auroient aucun moment à l'égard de ce même axe. Donc, dans ce cas, la somme des momens des seules forces actives, à l'égard de cet axe, et tendantes à faire tourner le systême dans un sens donné, seroit égale à zéro.

227. Le mode qu'on suit ordinairement pour établir les lois générales de l'équilibre et du mouvement, consiste à rapporter, conformément à l'usage élégant qu'a introduit Maclaurin, le systême à trois axes perpendiculaires entr'eux. Cependant j'ai trouvé plus direct pour les premiers principes que je viens d'exposer, de suivre une marche différente. Mais il est facile maintenant d'exprimer les résultats que j'ai obtenus, en les rapportant, en effet, à trois axes orthogonaux : je l'ai déjà fait (184) pour les changmens brusques;

il me reste à le faire également pour les mouvemens qui changent par degrés insensibles. C'est l'objet des dénominations suivantes et des propositions qui viennent ensuite, et qui ne sont que des transformations des équations trouvées précédemment.

228. Nous supposerons donc qu'un systême animé de diverses forces motrices quelconques, change de mouvement par degrés insensibles ; et qu'ayant imaginé dans l'espace trois axes quelconques perpendiculaires entr'eux pour y rapporter le mouvement, on décompose celui de chacun des corps du systême, en trois autres respectivement parallèles à ces axes. Cela posé, je désigne :

Chaque molécule du systême, par... m
ses trois coordonnées, par .... x, y, z,
sa vîtesse pour un instant donné quelconque, estimée dans le sens de ces trois axes respectivement, par.... V', V'', V'''
la force motrice au même instant, estimée dans le sens de ces mêmes axes respectivement, par........ P', P'', P'''
sa vîtesse géométrique ; c'est-à-dire, la vîtesse que prendroit cette molécule si l'on venoit tout-à-coup à changer le mouvement actuel en un autre mouvement géométrique ;

cette vîtesse, dis-je, estimée de même dans le sens des axes respectivement, par .... u', u'', u'''

l'espace parcouru par m dans un temps quelconque, par .... s

la durée du mouvement, par ...... t

229. Cela posé, on aura pour tout le système, à chaque instant, les deux équations suivantes:

$$\begin{aligned} & \mathrm{S}m\mathrm{P}'\mathrm{V}'dt + \mathrm{S}m\mathrm{P}''\mathrm{V}''dt + \mathrm{S}m\mathrm{P}'''\mathrm{V}'''dt \\ = {} & \mathrm{S}m\mathrm{V}'d\mathrm{V}' + \mathrm{S}m\mathrm{V}''d\mathrm{V}'' + \mathrm{S}m\mathrm{V}'''d\mathrm{V}''' \ldots (\mathrm{M}') \end{aligned}$$

$$\begin{aligned} & \mathrm{S}m\mathrm{P}'u'dt + \mathrm{S}m\mathrm{P}''u''dt + \mathrm{S}m\mathrm{P}'''u'''dt \\ = {} & \mathrm{S}mu'd\mathrm{V}' + \mathrm{S}mu''d\mathrm{V}'' + \mathrm{S}mu'''d\mathrm{V}''' \ldots (\mathrm{N}') \end{aligned}$$

En effet, ces formules ne sont autre chose que les formules (M), (N) trouvées (199), et transformées convenablement pour qu'on puisse rapporter le mouvement aux trois axes proposés.

Car d'après ce qui a été dit (118), on a

$$\mathrm{V}d\mathrm{V} = \mathrm{V}'d\mathrm{V}' + \mathrm{V}''d\mathrm{V}'' + \mathrm{V}'''d\mathrm{V}''', \text{ et}$$

$$\mathrm{PV}\cos.\mathrm{P}\hat{\ }\mathrm{V} = \mathrm{P}'\mathrm{V}' + \mathrm{P}''\mathrm{V}'' + \mathrm{P}'''\mathrm{V}'''.$$

Substituant donc ces valeurs dans la formule (M), on aura la première (M′) des deux formules ci-dessus.

Par le même principe, comme u est arbitraire, quoique V varie, $ud(\mathrm{V}\cos.u\hat{\ }\mathrm{V})$ est la même chose que

$$d\left(u\mathrm{V}\cos.u\hat{\ }\mathrm{V}\right), \text{ ou } d\,(u'\mathrm{V}' + u''\mathrm{V}'' + u'''\mathrm{V}'''),$$

dans laquelle u', u'', u''' doivent être traitées comme constantes; donc on a

$$ud\,(\mathrm{V}\cos.u\hat{}\mathrm{V}) = u'd\mathrm{V}' + u''d\mathrm{V}'' + u'''d\mathrm{V}''',$$

et par la même raison,

$$\mathrm{P}u\cos.\mathrm{P}\hat{}u = \mathrm{P}'u' + \mathrm{P}''u'' + \mathrm{P}'''u'''.$$

Substituant donc ces valeurs dans la formule (N) (199), on aura la seconde (N′) des deux formules ci-dessus. *Ce qu'il falloit prouver.*

230. Dans le cas d'équilibre, on a $\mathrm{V} = 0$, $d\mathrm{V} = 0$: ainsi l'équation (M′) se réduit à $0 = 0$, et l'équation (N′) se réduit à

$$\mathrm{S}m\mathrm{P}'u' + \mathrm{S}m\mathrm{P}''u'' + \mathrm{S}m\mathrm{P}'''u''' = 0, \qquad (\mathrm{N}'')$$

qui est la formule générale de l'équilibre rapportée à trois axes perpendiculaires.

231. Cette formule générale peut se tirer immédiatement du principe des vîtesses virtuelles; car chacune des forces motrices $m\mathrm{P}'$, $m\mathrm{P}''$, $m\mathrm{P}'''$ est ici animée d'une vîtesse géométrique u', u'', ou u''', dirigée dans le même sens; de manière que l'angle compris entre chaque force et sa direction étant 0, son cosinus est 1, ce qui fait disparoître tous ces cosinus.

232. De cette même formule générale de l'équilibre, on peut ensuite aisément déduire celles

du mouvement (M'), (N'), car la force motrice de m dans le sens de x étant mP' la quantité de mouvement que m tend à prendre en vertu de cette force pendant dt, est $mP'dt$; mais par hypothèse, il prend seulement la quantité de mouvement mdV'. Donc il perd par l'action et la réaction des corps $mP'dt - mdV'$ dans le sens de x. Par la même raison, il perd dans le sens de y la quantité de mouvement $mP''dt - mdV''$, et dans le sens de z, la quantité de mouvement $mP'''dt - mdV'''$. Donc ces forces sont celles qui sont détruites pendant l'instant dt, ou qui se feroient mutuellement équilibre si elles étoient seules. Ce sont donc celles qu'il faut substituer dans la formule générale (N'') de l'équilibre trouvée ci-dessus, à la place de P', P'', P'''; et alors cette formule reprend la forme (N'), laquelle contient comme cas particulier la formule (M'), puisque les vîtesses V', V'', V''' sont des vîtesses géométriques, les premières en ordre.

233. En vertu des vîtesses V', V'', V''', le corps m parcourt pendant dt les espaces dx, dy, dz respectivement dans le sens des coordonnées x, y, z. Donc dans les équations précédentes, on peut, au lieu de V', V'', V''', substituer $\frac{dx}{dt}$, $\frac{dy}{dt}$, $\frac{dz}{dt}$, et alors l'équation (M') deviendra, en multipliant tout par dt,

$$dt(SmP'dx + SmP''dy + SmP'''dz)$$

$$= Smdxd\frac{dx}{dt} + Smdyd\frac{dy}{dt} + Smdz\frac{dz}{dt},$$

ou en supposant dt constant, et divisant par cette constante

$$SmP'dx + SmP''dy + SmP'''dz$$

$$= Sm\left(\frac{dxd^2x + dyd^2y + dzd^2z}{dt^2}\right), \text{ ou}$$

$$Sm(P'dx + P''dy + P'''dz) = \tfrac{1}{2}Smd\frac{ds^2}{dt^2}.$$

234. Supposons de même, qu'en vertu des vîtesses géométriques quelconques u', u'', u''', chaque corps m parcourût dans un temps quelconque infiniment court donné qui n'a rien de commun avec dt, les espaces respectifs δx, δy, δz, dans le sens des coordonnées x, y, z; nous pourrons substituer ces quantités à la place de u', u'', u''', dans la formule (N'), et alors nous aurons, en multipliant par dt,

$$dt(SmP'\delta x + SmP''\delta y + SmP'''\delta z)$$

$$= Sm\delta xd\frac{dx}{dt} + Sm\delta yd\frac{dy}{dt} + Sm\delta zd\frac{dz}{dt},$$

ou en supposant dt constant, et divisant par cette constante,

$$\begin{aligned} & \text{S}m(\text{P}'\delta x + \text{P}''\delta y + \text{P}'''\delta z) \\ = & \text{S}m\left(\frac{d^2x}{dt^2}\delta x + \frac{d^2y}{dt^2}\delta y + \frac{d^2z}{dt^2}\delta z\right) \ldots (\text{N}''') \end{aligned}$$

On peut encore arriver aux mêmes résultats, en envisageant la chose un peu différemment, comme il suit.

Les forces exercées par chacun des corps d'un système, sont en général de deux sortes, savoir la force motrice et la force d'inertie. Si l'on décompose chacune des premières $m\text{P}$ en trois autres $m\text{P}'$, $m\text{P}''$, $m\text{P}'''$ parallèles à trois axes donnés, et de même chacune des autres $-m\frac{d\text{V}}{dt}$ en trois autres $-m\frac{d\text{V}'}{dt}$, $-\frac{d\text{V}''}{dt}$, $-\frac{d\text{V}'''}{dt}$; respectivement parallèles aux mêmes axes, on pourra appliquer à ce système général de forces le principe des vîtesses virtuelles, en prenant sur la direction de chacun d'elles un point fixe; et égalant ensuite à o la somme des produits de chacune d'elles par la variation de cette distance.

De plus, comme ces points fixes sont abitraires, nous pouvons les prendre tous dans les trois plans fixes même qui contiennent les axes auxquels on rapporte ce mouvement. Ainsi chacune de celles de ces forces qui sont dirigées dans le sens des x, sera censée appliquée au point où sa direction traverse le plan fixe des y et z;

ainsi des autres. Donc par le principe des vîtesses virtuelles, nous aurons

$$Sm(P'\delta x + P''\delta y + P'''\delta z)$$
$$- Sm\left(\frac{dV'}{dt}\delta x + \frac{dV''}{dt}\delta y + \frac{dV'''}{dt}\delta z\right) = 0.$$

Ce qui revient au même que ci-dessus.

Dans le cas d'équilibre, cette équation se réduit évidemment à

$$Sm(P'\delta x + P''\delta y + P'''\delta z) = 0.$$

235. J'appellerai *position fictive* du point m, celle où il se trouveroit, si au lieu de parcourir dx, dy, dz respectivement dans le sens de x, y, z, il parcouroit δx, δy, δz, et je nommerai la distance de sa position réelle à sa position fictive, la variante de ce même point. Cette variante sera par conséquent $\sqrt{\delta x^2 + \delta y^2 + \delta z^2}$, tandis que l'élément de la courbe réellement décrite, est $\sqrt{dx^2 + dy^2 + dz^2}$.

236. Cela posé, concevons que le système parte d'une position donnée que je désigne par (A) pour arriver à une autre position donnée désignée par (B). Supposons maintenant qu'il vienne à dévier infiniment peu de cette route, et qu'il passe dans sa route nouvelle par la position que j'ai appelée ci-dessus sa position fictive. Les δx, δy, δz, qui répondront à cette position, seront

alors ce que dans le calcul des variations on nomme les variations de x, y, z. Quant à la variation δs de la courbe, il faut bien la distinguer de ce que nous avons nommé ci-dessus la *variante*; cette variante étant $\sqrt{\delta x^2+\delta y^2+\delta z^2}$, tandis que la variation δs est $\delta\int\sqrt{dx^2+dy^2+dz^2}$, ce qui est fort différent. Et si l'on nomme cette *variante* $\delta's$, il est clair (118) qu'on aura

$$ds\delta's \cos. \widehat{ds\,\delta's} = dx\delta x + dy\delta y + dz\delta z, \text{ ou}$$

$$V\delta's \cos. \widehat{V\,\delta's} = V'\delta x + V''\delta y + V'''\delta z,$$

et pareillement,

$$P\delta's \cos. \widehat{P\,\delta's} = P'\delta x + P''\delta y + P'''\delta z.$$

237. Si l'on suppose que p soit la distance du corps m à un point fixe quelconque pris sur la direction de la force P; de sorte qu'il puisse être regardé comme tirant ce point fixe. Que dp soit par conséquent la quantité dont il s'éloigne de ce point fixe, et δp celle dont il s'en éloigneroit, si m parcouroit δx, δy, δz dans le sens des x, y, z, au lieu de parcourir dx, dy, dz; il est évident (11) qu'on aura

$$P'dx + P''dy + P'''dz = -Pdp$$
$$P'\delta x + P''\delta y + P'''\delta z = -P\delta p$$

Donc les formules précédentes (235) peuvent prendre les formes qui suivent,

$$2\,\mathrm{S}m\mathrm{P}dp + \mathrm{S}m\,d.\mathrm{V}^2 = 0.$$

$$\mathrm{S}m\mathrm{P}\delta p + \mathrm{S}m\left(\frac{d^2x}{dt^2}\delta x + \frac{d^2y}{dt^2}\delta y + \frac{d^2z}{dt^2}\delta z\right) = 0.$$

238. Dans ces équations, on regarde P comme une force unique agissant sur m, ou comme la résultante de toutes celles qui lui sont appliquées; et comme $\mathrm{P}dp$, $\mathrm{P}\delta p$ sont les momens d'activité consommés par la force motrice P, et que le moment d'activité consommé par la résultante de plusieurs autres est égal à la somme des momens d'activité consommés par toutes ces forces (27, 63), il suit que si au lieu d'une seule force $m\mathrm{P}$, on en suppose plusieurs $m\mathrm{P}$, $m\mathrm{Q}$, $m\mathrm{R}$, &c. sur les directions desquelles soient pris des points fixes éloignés de m des quantités p, q, r, &c. on aura ces deux équations,

$$2\,\mathrm{S}m(\mathrm{P}dp + \mathrm{Q}dq + \mathrm{R}dr + \&c.) + \mathrm{S}m\,d.\mathrm{V}^2 = 0.$$

$$\mathrm{S}m(\mathrm{P}\delta p + \mathrm{Q}\delta q + \mathrm{R}\delta r + \&c.)$$
$$+ \mathrm{S}m\left(\frac{d^2x}{dt^2}\delta x + \frac{d^2y}{dt^2}\delta y + \frac{d^2z}{dt^2}\delta z\right) = 0 \ldots (\mathrm{N}^{\mathrm{IV}})$$

239. Le dernier membre des formules (N''), (N^{IV}) trouvées (234 et 238), est susceptible d'une transformation remarquable; car si l'on différencie la quantité $dx\delta x + dy\delta y + dz\delta z$, on aura

$$d(dx\delta x + dy\delta y + dz\delta z) = (d^2x\delta x + d^2y\delta y + d^2z\delta z)$$
$$+ \tfrac{1}{2}\delta(dx^2 + dy^2 + dz^2),$$

ou en transposant et divisant par dt^2,

$$\frac{d^2x\delta x + d^2y\delta y + d^2z\delta z}{dt^2} = \frac{d(dx\delta x + dy\delta y + dz\delta z)}{dt^2}$$
$$- \frac{\delta(d^2x + dy^2 + dz^2)}{2\,dt^2} \ldots (N^{v})$$

ou à cause de $dx^2 + dy^2 + dz^2 = ds^2$,

$$\frac{d^2x}{dt^2}\delta x + \frac{d^2y}{dt^2}\delta y + \frac{d^2z}{dt^2}\delta z$$
$$= \frac{d(dx\delta x + dy\delta y + dz\delta z)}{dt^2} - \frac{\delta ds^2}{2\,dt^2}.$$

Substituant donc cette valeur de $\frac{d^2x}{dt^2}\delta x + \frac{d^2y}{dt^2}\delta y + \frac{d^2z}{dt^2}\delta z$ dans le dernier membre des formules (N''), (N^{iv}), elles deviendront

$$S\,m(P'\delta x + P''\delta y + P'''\delta z)$$
$$= dS\,m\,\frac{dx\delta x + dy\delta y + dz\delta z}{dt^2} - \frac{\delta S m ds^2}{2\,dt^2} \ldots (n''')$$

$$S\,m(P\delta p + Q\delta q + R\,dr + \&c.)$$
$$+ dS\,m\,\frac{dx\delta x + dy\delta y + dz\delta z}{dt^2} - \frac{\delta S m ds^2}{2\,dt^2} = 0. \;(n^{iv})$$

Il faut se rappeler (258) que dans la première de ces deux formules, la force motrice mP est supposée la résultante de toutes les forces motrices qui agissent sur m; au lieu que dans la seconde, ces forces motrices partielles sont exprimées par mP, mQ, mR, &c.

240. Multiplions par dt l'équation (n'''), et intégrons par rapport à d, pour avoir l'état de mouvement du systême au bout d'un temps quelconque, nous aurons

$$\int dt S m(P'\delta x + P''\delta y + P'''\delta z)$$
$$= Sm\frac{dx\delta x + dy\delta y + dz\delta z}{dt} - \frac{\delta \int S m ds^2}{2\,dt} + \text{const.}$$

Si nous supposons que la position du systême au premier instant soit donnée, on aura pour ce premier instant, $\delta x = 0$, $\delta y = 0$, $\delta z = 0$. Donc la constante sera o.

Si nous supposons de plus que la position du systême au dernier instant soit aussi donnée, on aura de même pour ce dernier instant $\delta x = 0$, $\delta y = 0$, $\delta z = 0$; ce qui réduira le premier terme du second membre à zéro.

241. Donc si l'on suppose que la position du systême soit donnée au premier instant et au dernier, la formule se réduira, en multipliant par dt, à

$$dt\int dt S m(P'\delta x + P''\delta y + P'''\delta z) + \delta \tfrac{1}{2}\int S m ds^2 = 0 \; (n^{v}),$$
ou $$dt\int dt S m(P'\delta x + P''\delta y + P'''\delta z) + \int S m ds d\delta s = 0;$$

ou en divisant par dt supposé constant, et observant que $ds = V\,dt$, on aura

$$\int dt S m(P'\delta x + P''\delta y + P'''\delta z) + \int S m V d\delta s = 0.$$

Cette dernière formule revient à celle que propose Condorcet (*Probléme des trois corps*) comme principe fondamental ; il est exact, comme l'on voit ; mais il suppose, conformément à cè qui vient d'être dit, que les points extrêmes de la courbe décrite soient donnés, c'est-à-dire, qu'on ait au premier instant et au dernier,

$$\delta x = 0,\ \delta y = 0,\ \delta z = 0.$$

242. Mettons dans la formule (n^v) que nous venons de trouver à la place de ds^2, sa valeur $dx^2 + dy^2 + dz^2$, et exécutons l'opération indiquée dans le dernier membre de cette équation par le signe δ ; la formule deviendra

$$dt\int dt\, Sm(P'\delta x + P''\delta y + P'''\delta z)$$
$$+ \int Sm(dx\, d\delta x + dy\, d\delta y + dz\, d\delta z) = 0 ;$$

ou en divisant par dt, et observant que $\frac{dx}{dt} = V'$, $\frac{dy}{dt} = V''$, $\frac{dz}{dt} = V'''$;

$$\int dt\, Sm(P'\delta x + P''\delta y + P'''\delta z)$$
$$+ \int Sm(V'd\delta x + V''d\delta y + V'''d\delta z) = 0 ;$$

ce qui suppose toujours que les points extrêmes de la courbe décrite par chacun des mobiles soient donnés.

Dans la même hypothèse, la formule (n^v) peut aussi s'exprimer simplement (236) comme il suit :

$$dt\int dt\,\mathrm{S}m\mathrm{P}\delta's\cos.\mathrm{P}\hat{\ }\delta's+\delta\tfrac{1}{2}\int \mathrm{S}m\,ds^2=0,\ \text{ou}$$

$$\int dt\,\mathrm{S}m\mathrm{P}\delta's\cos.\mathrm{P}\hat{\ }\delta's+\int \mathrm{S}m\mathrm{V}d\delta s=0.$$

243. Les formules (N'''), (N^{IV}), trouvées (334, 338) s'appliquent visiblement d'une manière spéciale au cas où les points fixes pris sur les directions des forces seroient des points attirans en raison d'une fonction quelconque des distances. Dans cette hypothèse, s'il y a équilibre, ces équations se réduisent à

$$\mathrm{S}m(\mathrm{P}\delta p+\mathrm{Q}\delta q+\mathrm{R}dr+\&c.)=0.$$

Cette dernière formule relative à l'équilibre, auroit également lieu, si non-seulement les corps étoient attirés vers des points fixes, mais qu'ils s'attirassent eux-mêmes les uns les autres en désignant alors par p, q, r, &c. les distances respectives de ces corps soit entre eux, soit aux points fixes, puisqu'alors en considérant ces corps deux à deux, ils devront s'éloigner l'un de l'autre, des quantités δp, δq, δr, &c. En concevant donc un point fixe pris à volonté sur la direction de leur attraction mutuelle, et supposant que ces forces d'attraction qui entre ces deux corps doivent être égales, à cause de l'égalité qui a toujours lieu entre l'action et la réaction, soient exprimées par k; que la distance de l'un des mobiles au point fixe soit p', et celle de l'autre p'', on aura pour la somme des momens d'activité qu'ils consomment en s'éloignant de la quantité δp, $k(\delta p' + \delta p'')$ ou $k\delta p$. Mais la somme des quantités $k(\delta p' + \delta p'')$ est zéro ; donc la somme des quantités $k\,\delta p$ sera aussi zéro.

Puisque les forces motrices sont, par hypothèse, des forces d'attraction assujéties à des lois régulières ; en raison des fonctions des distances, il suit que $Sm(Pdp + Qdq + Rdr + \&c.)$ est susceptible d'une intégrale exacte. Soit Π cette intégrale ; nous aurons donc

$$Sm\,(P\delta p + Q\delta q + R\delta r + \&c.) = \delta\Pi\,;$$

donc puisque le premier membre de cette équation vient d'être trouvé égal à zéro ; le second l'est aussi. Donc on a $\delta\Pi = 0$; c'est-à-dire, que Π est toujours un *minimum* ou un *maximum* dans le cas d'équilibre. C'est ce principe qu'on a nommé loi du repos (218), et qui n'est, à proprement parler, comme on le voit, que le principe des vitesses virtuelles.

244. Dans la même hypothèse, que les forces motrices sont toutes des forces d'attraction ou de répulsion proportionnelles à des fonctions quelconques des distances, on trouve aussi pour le cas du mouvement une formule remarquable ; en ce qu'elle est indépendante des forces motrices.

En effet, nous avons vu (205) qu'alors le moment d'activité consommé par les forces motrices pour faire passer le système d'une position donnée à une autre position donnée, est toujours la même, quelle que soit la route tenue par chacun des corps. Donc le moment d'activité consommé par le système pour passer de la position donnée (A) (236) à sa position actuelle, diffère de celle qu'il faudroit consommer pour le faire arriver à sa position fictive, d'une quantité égale à celui qu'il faudroit consommer pour le faire passer directement de sa position actuelle à sa position fictive. C'est-à-dire,

$$Sm(P'\delta x + P''\delta y + P'''\delta z).$$

D'un autre côté, le moment d'activité consommé pour faire passer le système de sa position (A) à sa position actuelle est égal à la moitié de l'augmentation des forces vives de la première position à la seconde, et celui qu'il faudroit consommer pour le faire passer à sa position fictive est pareillement la moitié de l'augmentation des forces vives qui auroit lieu si le système s'y rendoit en partant de sa position donnée (A), au lieu de se rendre à sa position réelle. Donc la différence de ces deux momens d'activité est égal à la variation $SmV\delta V$, de la force vive. Donc on a

$$SmV\delta V = Sm(P'\delta x + P''\delta y + P'''\delta z).$$

Cette formule auroit visiblement lieu également, quand même le système partiroit d'une autre position (A') que celle donnée (A), pourvu que la somme des forces vives fût la même dans les deux positions (A), (A'), puisqu'alors le moment d'activité à consommer pour aller de (A) à (A') qui est toujours exprimée par la moitié de la différence des forces vives dans les deux positions, seroit alors zéro.

Supposant donc qu'en effet cette somme de forces vives soit donnée au premier instant, et mettant pour le second membre de l'équation que nous venons de trouver d'après cette hypothèse, sa valeur tirée de l'équation (n''') trouvée ci-dessus (239), nous aurons

$$SmV\delta V = dSm\frac{dx\delta x + dy\delta y + dz\delta z}{dt^2} - \delta Smds^2.$$

Multipliant tout par dt, observant que $Vdt = ds$, transposant le dernier terme dans le premier membre; et réduisant, on aura

$$\delta SmVds = dSm\frac{dx\delta x + dy\delta y + dz\delta z}{dt} \ldots. \quad (P)$$

Equation absolument indépendante des forces motrices.

245. Si l'on intègre cette équation par rapport à d, pour avoir l'état de mouvement au bout d'un temps quelconque, on aura

$$\delta Sm\int Vds = Sm\frac{dx\delta x + dy\delta y + dz\delta z}{dt} + \text{const.}$$

Si l'on suppose comme ci-dessus (241) que la position du système au premier instant est donnée, on aura pour ce premier instant, $\delta x = 0$, $\delta y = 0$, $\delta z = 0$; donc la constante sera zéro.

Si l'on suppose de plus que la dernière position du système soit aussi donnée, on aura de même pour cette dernière position, $\delta x = 0$, $\delta y = 0$, $\delta z = 0$; donc le second membre de l'équation s'évanouira; donc il restera simplement $\delta \mathrm{S} m \int \mathrm{V} ds = 0 \ldots$ (Q) c'est-à-dire, que la quantité $\mathrm{S} m \int \mathrm{V} ds$ sera un *minimum* ou un *maximum*.

C'est dans cette formule que consiste le fameux principe de la moindre action, lorsque le mouvement change par degrés insensibles. Voici l'énoncé de ce principe tel qu'il est donné par Lagrange dans sa Mécanique.

Dans le mouvement d'un système quelconque de corps animés par des forces mutuelles d'attraction, ou tendantes à des centres fixes, et proportionnelles à des fonctions quelconques des distances; les courbes décrites par les différens corps et leurs vitesses, sont nécessairement telles, que la somme des produits de chaque masse par l'intégrale de la vitesse multipliée par l'élément de la courbe, est un maximum *ou un* minimum, *pourvu qu'on regarde les premiers et les derniers points de chaque courbe comme donnés.*

La quantité $\mathrm{S}m\int \mathrm{V}ds$, qui est un *minimum*, est la même chose que $\mathrm{S}m\int \mathrm{V}^2dt$ ou $\int dt\mathrm{S}m\mathrm{V}^2$; donc cette quantité augmente à chaque instant dt, de la quantité $dt\mathrm{S}m\mathrm{V}^2$, qui n'est autre chose que la force vive totale du systême multipliée par cet instant, c'est-à-dire, que la quantite qui se trouve *minimum* est l'accumulation des produits de la force vive qui a lieu à chaque instant par la durée de ce même instant.

Or(201) $\mathrm{S}m\mathrm{V}^2 = 2\int m\mathrm{V}\mathrm{P}dt \cos. \mathrm{V}\hat{\ }\mathrm{P}$, et par conséquent, $dt\mathrm{S}m\mathrm{V}^2 = 2dt\int m\mathrm{V}\mathrm{P}dt \cos. \mathrm{V}\hat{\ }\mathrm{P}$, c'est-à-dire, que cette quantité $dt\mathrm{S}m\mathrm{V}^2$ dont l'intégrale est un *minimum*, n'est autre chose (64) que le double de la quantité d'action dépensée pendant dt par toutes les forces motrices, pour mettre le systême en mouvement. Donc la quantité $\int dt\mathrm{S}m\mathrm{V}^2$ qui est *minimum*, est la même chose que $2\int dt\mathrm{S}m\mathrm{V}\mathrm{P}dt \cos. \mathrm{P}\hat{\ }\mathrm{V}$; c'est-à-dire, deux fois la quantité d'action dépensée par toutes les forces motrices du systême, pour opérer son passage d'une position donnée à une autre position donnée. De-là vient le nom de principe de la moindre action donnée à la formule trouvée ci-dessus. C'est donc cette dépense de quantité d'action que semble économiser la nature dans les changemens qu'elle produit, et c'est par cette considération que plusieurs Savans ont cru qu'on pouvoit regarder le principe dont il s'agit comme un résultat des causes finales.

Nous avons vu (200) que lorsque le système passe par la position de l'équilibre, on a à ce moment $SmVPdt \cos. \widehat{P V} = 0$, et par conséquent, en multipliant par dt,

$$dtSmVPdt \cos. \widehat{P V} = 0;$$

c'est-à-dire, que la quantité d'action dépensée par toutes les forces du système pendant l'instant où le système passe par la position de l'équilibre, est égale à zéro. Ainsi cette même quantité qui est zéro dans le cas de l'équilibre, devient un moindre dans le cas du mouvement.

246. On peut tirer de la formule (P) (244) d'autres conséquences intéressantes; en effet, ds^2 étant la même chose que $dx^2+dy^2+dz^2$, il est clair d'abord que cette formule peut s'écrire ainsi,

$$\delta Sm(V'dx + V''dy + V'''dz) = dSm(V'\delta x + V''\delta y + V'''\delta z) \ldots (P')$$

formule dans laquelle les caractéristiques d et δ jouent absolument le même rôle.

247. Exécutons les opérations indiquées, nous aurons

$$Sm(dx\delta V' + V'\delta dx + dy\delta V'' + V''\delta dy + dz\delta V''' + V'''\delta dz) = Sm(\delta x dV' + V'd\delta x + \delta y dV'' + V''d\delta y + \delta z dV''' + V'''d\delta z);$$

mais comme par les principes du calcul des

variations on peut intervertir l'ordre des caractéristiques d, δ, il est clair que les 2e, 4e et 6e termes du premier membre détruisent les 2e, 4e et 6e termes du second respectivement. Donc la formule se réduit à

$$\begin{aligned} &Sm(\delta x dV' + \delta y dV'' + \delta z dV''') \\ &= Sm(dx\delta V' + dy\delta V'' + dz\delta V''')\ldots (P'') \end{aligned}$$

On voit que dans cette formule, les caractéristiques d, δ, jouent encore le même rôle.

248. Si à cette formule, nous ajoutons l'équation identique

$$\begin{aligned} &Sm(xd\delta V' + yd\delta V'' + zd\delta V''') \\ &= Sm(x\delta dV' + y\delta dV'' + z\delta dV'''), \end{aligned}$$

nous aurons

$$Sm\left(\begin{matrix}(\delta x dV' + xd\delta V') + (\delta y dV'' + y\delta dV'') \\ + (\delta z dV''' + zd\delta M''')\end{matrix}\right) =$$

$$Sm\left(\begin{matrix}(dx\delta V' + x\delta dV') + (dy\delta V'' + y\delta dV'') \\ + (dz\delta V''' + z\delta dV''')\end{matrix}\right), \text{ou}$$

$$\begin{aligned} &\delta Sm(xdV' + ydV'' + zdV''') \\ &= dSm(x\delta V' + y\delta V'' + z\delta V''')\ldots (R) \end{aligned}$$

où les caractéristiques d et δ sont encore employées de la même manière.

249. Si l'on intègre cette dernière formule par rapport à d, pour avoir l'état du mouve-

ment au bout d'un temps quelconque, nous aurons

$$\delta \mathrm{S} m \int (x d\mathrm{V}' + y d\mathrm{V}'' + z d\mathrm{V}''')$$
$$= \mathrm{S} m (x \delta \mathrm{V}' + y \delta \mathrm{V}'' + z \delta \mathrm{V}''') + \text{const.}$$

Mais si l'on suppose que les vîtesses de chaque mobile soient données au premier instant, c'est-à dire, qu'on ait à ce premier instant $\delta \mathrm{V}' = 0$, $\delta \mathrm{V}'' = 0$, $\delta \mathrm{V}''' = 0$, la constante sera o. Et si l'on suppose pareillement que les vîtesses au dernier instant soient aussi données, le second membre s'évanouira. Donc l'équation se réduira à

$$\delta \mathrm{S} m \int (x d\mathrm{V}' + y d\mathrm{V}'' + z d\mathrm{V}''') = 0 \ldots (\mathrm{S})$$

c'est-à-dire, que la quantité

$$\mathrm{S} m \int (x d\mathrm{V}' + y d\mathrm{V}'' + z d\mathrm{V}''')$$

sera un *minimum* ou un *maximum*.

250. En mettant dans cette équation, pour $d\mathrm{V}'$, $d\mathrm{V}''$, $d\mathrm{V}'''$ leurs valeurs $d\frac{dx}{dt}$, $d\frac{dy}{dt}$, $d\frac{dz}{dt}$, elle deviendra, à cause de dt constant,

$$\delta \mathrm{S} m \int \frac{x d^2x + y d^2y + z d^2z}{dt} = 0.$$

Intégrant par parties, elle deviendra

$$\delta \mathrm{S} m \left(\frac{x dx + y dy + z dz}{dt}\right) - \delta \mathrm{S} m \int \frac{dx^2 + dy^2 + dz^2}{dt} = 0,$$

ou

$$\delta \mathrm{S} m (x \mathrm{V}' + y \mathrm{V}'' + z \mathrm{V}''') - \delta \mathrm{S} m \int \mathrm{V} ds = 0.$$

Nommons R le rayon vecteur de m, il est clair (218) que le premier terme de l'équation précédente deviendra $\delta SmRV\cos.R\hat{}V$; donc l'équation deviendra,

$$\delta Sm(RV\cos.R\hat{}V - \int Vds) = 0.$$

Ainsi dans le cas où l'on suppose la vîtesse de chaque mobile donnée au premier instant et au dernier, la quantité qui est un *maximum* ou un *minimum*, n'est pas $Sm\int Vds$, comme lorsque ce sont les points extrêmes qui sont donnés, mais

$$Sm(RV\cos.R\hat{}V - \int Vds),$$

R exprimant la distance de m à l'origine des coordonnées. Mais comme on est maître de prendre où l'on veut l'origine des coordonnées, la quantité précédente est un *maximum* ou un *minimum*, à l'égard de tout point quelconque pris à volonté dans l'espace.

251. Nous avons trouvé (245) pour le cas où la somme des forces vives initiales est donnée, sans que d'ailleurs la vîtesse de chaque mobile en particulier ni sa position le soient; la formule

$$\delta SmVds = dSm\frac{dx\delta x + dy\delta y + dz\delta z}{dt}$$

$$= dSm(V'\delta x + V''\delta y + V'''\delta z).$$

Mais (236) le dernier membre de cette équation

est $d\mathrm{S}m(\mathrm{V}\delta's.\cos.\widehat{\mathrm{V}\,\delta's})$. Donc nous avons dans cette hypothèse

$$\delta\mathrm{S}m\mathrm{V}ds = d\mathrm{S}m(\mathrm{V}\delta's.\cos.\widehat{\mathrm{V}\,\delta's}).$$

Je ne pousserai pas plus loin ces détails, qui deviennent étrangers à mon objet.

Considérations sur l'application des forces mouvantes aux machines.

252. Les machines en général sont les corps qu'on interpose entre deux ou plusieurs puissances, pour transmettre l'action de l'une à l'autre, suivant telles ou telles conditions, d'après l'objet qu'on a à remplir.

Les machines proprement dites sont ceux de ces corps intermédiaires que l'on considère comme dépouillés de leur masse, soit que cette masse soit en effet très-petite à l'égard des forces qui lui sont appliquées, soit que l'on considère les forces motrices et d'inertie propres à cette masse, comme de nouvelles forces qui lui sont extérieurement appliquées, et dont on tient compte dans le calcul comme de toutes les autres.

Cette abstraction a été imaginée pour simplifier la recherche du rapport particulier qui existe entre les forces qui sont en effet extérieurement appliquées à la machine dont la figure peut être plus ou moins compliquée.

Mais quelle que soit cette complication des machines, il est aisé de sentir qu'on peut toujours les considérer comme l'assemblage d'une multitude de corpuscules séparés par des fils ou des verges au moyen desquels l'action se transmet de proche en proche, d'une puissance à l'autre : ainsi toute machine peut se ramener à la machine funiculaire ou au levier, et même à l'une seulement de ces deux machines ; mais on a coutume d'appeler simples, non seulement ces premières, mais encore la poulie, le treuil, le plan incliné, la vis et le coin. Mon intention n'est pas de rechercher les propriétés particulières à chacune d'elles, ce qui est comme je l'ai déjà observé, l'objet des traités suivis de mécanique ; mais d'offrir quelques considérations sur celles de ces propriétés qui sont communes à toutes les machines.

Suivant qu'une machine est en équilibre ou en mouvement, les forces qui lui sont appliquées produisent deux sortes d'effets de natures fort différentes ; parce que dans les machines en mouvement, il entre une considération de plus à avoir que dans les machines en repos ; savoir, la vîtesse du point d'application de chacune de ces forces. Dans le cas d'équilibre, on n'a à considérer que l'intensité de ces forces ; mais dans celui du mouvement, il faut de plus avoir égard au chemin que chacune a à parcourir. Ainsi, par exemple, une force telle que celle d'un homme qui exerce son action sur un poids par le moyen d'un treuil, produit deux effets de natures différentes suivant qu'elle a seulement à le soutenir, ou qu'elle a à l'élever à telle ou telle hauteur.

Cependant ces deux effets doivent être et sont réellement liés d'une manière intime, car l'un n'est qu'un cas particulier de l'autre; le cas d'équilibre n'est autre chose que celui du mouvement, lorsque la vîtesse se réduit à o, c'est-à-dire, qu'il en est proprement la limite. Aussi dans le cas de mouvement comme dans celui d'équilibre, les deux forces sont toujours en raison réciproque de leurs vîtesses respectives, estimées dans le sens de ces forces (219); mais dans le cas de mouvement, c'est des *vîtesses réelles* qu'il s'agit, au lieu que dans le cas d'équilibre, c'est seulement des *vîtesses virtuelles*, c'est-à-dire, des vîtesses infiniment petites que prendroient ces puissances si l'une venoit à l'emporter, et à faire naître ce petit mouvement.

253. Cette propriété fondamentale, et en quelque sorte commune aux deux cas, fait en même temps connoître ce qui cependant les distingue et les caractérise. Car il en résulte, qu'une force très-petite peut bien soutenir en équilibre un poids très-considérable, mais que s'il s'agit de l'élever à une hauteur donnée comme d'un mètre,

il faudra que la puissance descende d'un nombre de mètres d'autant plus grand, qu'elle sera elle-même plus petite par rapport au poids. Si par exemple cette puissance ou force mouvante n'est que la centième partie du poids, elle pourra bien le soutenir au moyen du treuil ci-dessus; mais si elle veut le mouvoir, il faudra qu'elle descende de cent mètres pour faire monter le poids d'un seul mètre.

Et comme il est naturel d'évaluer l'effet d'une puissance appliquée à une machine en repos, par le poids qu'elle soutient; et celui d'une puissance appliquée à une machine en mouvement, non-seulement par ce poids en lui-même, mais encore par la hauteur à laquelle on l'élève, on voit qu'il en résulte deux effets de natures très-différentes. Que dans le cas d'équilibre, la machine peut centupler l'effet de la force, tandis que dans la machine en mouvement, celui d'une puissance capable d'une certaine intensité donnée et d'une vîtesse aussi donnée, est invariable, c'est-à-dire toujours le même quelle que soit la forme de la machine, et toujours égal au produit de cette force par le chemin qu'elle parcourt, estimé dans le sens de cette force.

254. Comme on est maître de ses définitions, on peut donner le nom *d'effet* d'une puissance à autre chose que ce que nous venons de désigner

ainsi. Mais en se conformant autant que possible aux acceptions reçues dans la pratique des arts, il semble qu'on ne puisse guère entendre par l'effet d'une puissance en équilibre autre chose que le poids qu'elle soutient : que pour évaluer celui d'une puissance en mouvement, il faut au contraire, non-seulement avoir égard à la masse élevée, mais encore à la hauteur à laquelle on l'élève. Car un cheval, par exemple, est censé deux fois aussi fort qu'un autre, lorsqu'il élève la même quantité d'eau à une hauteur double dans le même temps, ou une quantité d'eau double à la même hauteur : c'est-à-dire, que sa force est censée en raison composée du poids qu'il élève dans un temps donné, et de la hauteur à laquelle il l'élève; et c'est ainsi également qu'on évalue le travail des ouvriers et qu'on paye leurs salaires.

255. De là est né ce grand principe, que *dans toute machine en mouvement, on perd toujours en temps ou en vitesse ce qu'on gagne en force.*

Pour bien saisir le sens de ce principe fondamental, considérons un effet quelconque à produire, par une machine en mouvement, par exemple, un poids donné P à élever à une hauteur donnée H; effet qui sera par conséquent d'après ce qu'on vient de dire, représenté par PH.

Soit F la force employée à produire cet effet,

V sa vitesse estimée dans le sens de cette force, T le temps pendant lequel s'exécute l'opération ; et supposons, pour plus de simplicité, que le mouvement soit uniforme. Je dis que quelle que soit la machine employée pour produire cet effet, on aura toujours $FVT = PH$.

En effet, nous avons vu (224) que dans tout systême dont ce mouvement change par degrés insensibles, le moment d'activité produit dans un temps donné par toutes les forces sollicitantes, est constamment égal au moment d'activité absorbé en même temps par toutes les forces résistantes.

Or ici quelles sont les forces sollicitantes et les forces résistantes ? Il est clair qu'il n'y en a qu'une de chaque espèce ; que F est la force sollicitante et P la force résistante. Il y a bien, à la verité, une autre force résistante qui est la force d'inertie exprimée par $\int m \frac{dV'}{dt}$ (99), m exprimant la masse de chacun des corpuscules du systême tant du poids P et de la force F qui est toujours résidente dans un corps, que de la machine elle-même, qui est aussi toujours matérielle ; mais nous faisons, quant à présent, abstraction de cette force d'inertie, parce que le mouvement étant supposé uniforme, on a $dV' = 0$. Nous n'avons donc à rechercher que les momens d'activité de ces deux dernières forces F et P, lesquels doivent être égaux, par la proposition citée. Mais (62) le moment d'activité d'une force est le produit de cette force par le chemin qu'elle décrit, estimé dans le sens de cette force : donc puisque le mouvement est supposé uniforme, et que V est la vitesse de F estimée dans le sens de cette force, VT sera le chemin qu'elle décrira dans ce sens, et par conséquent, FVT sera le moment d'activité produit par cette force pendant le temps T. Pareillement il est clair que PH sera le moment d'activité absorbé par P; donc nous avons en effet $FVT = PH$; et cette équation a lieu, quelle que puisse être la forme de la machine.

256. Par la même raison, si en employant soit la même machine, soit une autre, on vouloit produire le même effet PH, au moyen d'une autre force f, mue avec une vîtesse qui estimée dans le sens de f, seroit u, pendant un temps t, on auroit pareillement $fut = PH$.

Donc pour produire l'effet PH, il faut toujours que le moment d'activité de la force employée F ou f, se trouve égal à cet effet, et que l'on ait $F.V.T = f.u.t$.

Si donc, par exemple, on veut que f ne soit que moitié de F, c'est-à-dire, si l'on veut élever le même poids P à la même hauteur H, en employant une force sous-double, il faudra, ou que u devienne double de V, ou que t devienne double de T, ou enfin qu'en général *ut* devienne double de VT.

257. On voit par l'équation FVT = PH, trouvée (261), qu'il est inutile de connoître la figure d'une machine, pour savoir quel effet peut produire une puissance qui lui est appliquée, lorsqu'on connoît celui qu'elle pourroit produire sans machine. Supposons, par exemple, qu'un homme soit capable d'exercer un effort continuel de 12 kilogrammes en se mouvant continuellement lui-même avec une vîtesse d'un mètre par seconde. Cela posé, lorsqu'on l'appliquera à une machine, le moment d'activité F V T que consommera cet homme pendant le temps T, sera $12^{\text{kil.}}, 1^{\text{mèt.}}\,T$; c'est-à-dire, qu'on aura

$$FVT = 12^{\text{kil}}\ 1^{\text{mèt.}}\,T;$$

donc à cause de F V T = PH, on aura

$$PH = 12^{\text{kil.}}\ 1^{\text{mèt.}}\,T,$$

quelle que puisse être la machine. Donc l'effet PH est absolument indépendant de la figure de cette machine, et ne peut jamais surpasser celui que la puissance est en état de produire naturellement et sans machine. On ne peut en inventer aucune par laquelle il soit possible avec le même travail, c'est-à-dire, la même force et la même vîtesse employées pendant le même temps, d'élever le poids donné P à une plus grande hauteur que H; ou un poids plus grand à la même hauteur, ou enfin le même poids à la même hauteur, dans un temps plus court.

258. L'avantage que procurent les machines, n'est donc pas de produire de grands effets avec de petits moyens, mais de donner à choisir entre différens moyens qu'on peut appeler égaux, celui qui convient le mieux à la circonstance présente. Pour forcer un poids *P* à monter à une hauteur proposée, un ressort à se fermer d'une quantité donnée, un corps à prendre par degrés insensibles un mouvement donné, ou enfin tel autre agent que ce soit, à absorber un moment quelconque donné d'activité, il faut que les forces mouvantes qui y sont destinées, consomment elles-mêmes un moment d'activité égal au premier; aucune machine ne peut en dispenser. Mais comme ce moment résulte de plusieurs termes ou facteurs, on peut les faire varier à volonté, en diminuant la force aux dépens du temps, ou la vîtesse aux dépens de la force; ou bien, en employant deux ou plusieurs forces au lieu d'une; ce qui donne une infinité de ressources pour produire le moment d'activité nécessaire. Mais quoi qu'on fasse, il faut toujours que ces moyens soient égaux, c'est-à-dire que le moment d'activité consommé par les forces sollicitantes, soit égal à l'effet ou moment absorbé en même temps par les forces résistantes.

259. Ces réflexions paroissent suffisantes pour désabuser ceux qui croient qu'avec des machines chargées de leviers arrangés mystérieusement, on pourroit mettre un agent, si foible qu'il fût, en état de produire les plus grands effets : l'erreur vient de ce qu'on se persuade qu'il est possible d'appliquer aux machines en mouvement, ce qui n'est vrai que pour le cas d'équilibre ; de ce qu'une petite puissance, par exemple, peut tenir en équilibre un très-grand poids, beaucoup de personnes croient qu'elle pourroit de même élever ce poids aussi vîte qu'on voudroit ; or, c'est une erreur très-grande, parce que, pour y réussir, il faudroit que l'agent se procurât à lui-même une vîtesse au-dessus de ses facultés, ou qui du moins lui feroit perdre une partie d'autant plus grande de son effort sur la machine, qu'il seroit obligé de se mouvoir plus vîte. Voilà pourquoi l'effet des machines en mouvement, est toujours tellement limité, qu'il ne peut jamais surpasser le moment d'activité consommé par l'agent qui le produit.

260. C'est sans doute faute de faire une attention suffisante à ces différens effets d'une même machine considérée tantôt en repos & tantôt en mouvement, que des personnes auxquelles la saine théorie n'est point inconnue, s'abandonnent quelquefois aux idées les plus chimériques,

tandis qu'on voit de simples ouvriers, faire valoir, par une espèce d'instinct, les propriétés réelles des machines, et juger très-bien de leurs effets. *Archimède* ne demandoit qu'un levier et un point fixe pour soulever le globe de la terre; comment donc se peut-il faire, dit-on, qu'un homme aussi fort qu'*Archimède*, ne puisse pas, quand même il seroit muni de la plus belle machine du monde, élever un poids de cent livres en une heure de temps, à une hauteur médiocre donnée? C'est que l'effet d'une machine en repos, et celui d'une machine en mouvement, sont deux choses fort différentes, et en quelque sorte hétérogènes. Dans le premier cas, il s'agit de détruire, d'empêcher le mouvement; dans le second, l'objet est de le faire naître et de l'entretenir; or il est clair que ce dernier cas exige une considération de plus que le premier; savoir, la vîtesse réelle de chaque point du système. Mais on pourra sentir encore mieux la raison de cette différence, par la remarque suivante.

261. Les points fixes et obstacles quelconques, sont des forces purement passives, qui peuvent absorber un mouvement, si grand qu'il soit, mais qui ne peuvent jamais en faire naître un, si petit qu'on veuille l'imaginer, dans un corps en repos : or, c'est improprement que dans le cas d'équilibre, on dit d'une petite puis-

sance, qu'elle en détruit une grande : ce n'est pas par la petite puissance que la grande est détruite ; c'est par la résistance des points fixes : la petite puissance ne détruit réellement qu'une petite partie de la grande, et les obstacles font le reste. Si *Archimède* avoit eu ce qu'il demandoit, ce n'est pas lui qui auroit soutenu le globe de la terre, c'est son point fixe ; tout son art auroit consisté, non à redoubler d'effort pour lutter contre la masse de ce globe, mais à mettre en opposition les deux grandes forces, l'une active, l'autre passive, qu'il auroit eues à sa disposition : si au contraire il eût été question de faire naître un mouvement effectif, alors *Archimède* auroit été obligé de le tirer tout entier de son propre fonds ; aussi n'auroit-il pu être que très-petit, même après plusieurs années : n'attribuons donc point aux forces actives, ce qui n'est dû qu'à la résistance des obstacles, et l'effet ne paroîtra pas plus disproportionné à la cause dans les machines en repos, que dans les machines en mouvement.

262. Quel est donc enfin le véritable objet des machines en mouvement ? Nous l'avons déjà dit, c'est de procurer la faculté de faire varier à volonté les termes de la quantité FVT, ou *momentum* d'activité, qui doit être consommé par les forces mouvantes. Si le temps est précieux,

que l'effet doive être produit dans un temps très-court, et qu'on n'ait cependant qu'une force capable de peu de vîtesse mais d'un grand effort, on pourra trouver une machine pour suppléer la vitesse nécessaire par l'intensité de la force : si au contraire on n'a qu'une foible puissance à sa disposition, mais capable d'une grande vîtesse, on pourra imaginer une machine avec laquelle l'agent sera en état de compenser par sa vîtesse la force qui lui manque. Enfin si la puissance n'est capable ni d'un grand effort ni d'une grande vîtesse, on pourra encore, avec une machine convenable, lui faire produire l'effet desiré, mais alors on ne pourra se dispenser d'employer beaucoup de temps ; parce qu'enfin on ne peut pas sortir de ce cercle, qu'il faut absolument que le produit FVT soit toujours égal à l'effet qu'on veut produire ; et c'est en cela précisément que consiste ce principe si célèbre et si important, que *dans les machines en mouvement, on perd toujours en temps ou en vîtesse ce qu'on gagne en force.*

263. Au reste, je n'ai ici considéré que le cas le plus simple, celui où il n'y a qu'une force employée à produire l'effet proposé. S'il y en avoit plusieurs F, F', F'', &c. dont les vîtesses estimées dans le sens de ces forces fussent V, V', V'', &c. et qui fussent en action pendant les durées res-

pectives T, T', T'', &c. ce seroit la somme

$$FVT + F'V'T' + F''V''T'', \&c.$$

qui se trouveroit égale à l'effet qu'on doit produire.

264. Et si, de plus, le mouvement de chacune des puissances F, F', &c. étoit variable, ce seroit la quantité $\int(FVdt + F'V'dt + \&c.)$, $\int$ désignant l'intégrale relative à la durée du mouvement qui seroit égale à l'effet qu'on doit produire.

265. Enfin il est à remarquer, que les vîtesses V, V', &c. représentent seulement les vîtesses réelles des points d'application des forces F, F' estimées dans le sens de ces forces; mais si l'on veut avoir égard à la véritable direction de ces forces, ce sera alors la quantité

$$\int(FVdt \cos.F\hat{}V + F'V'dt \cos.F'\hat{}V' + \&c.)$$

qui sera égale à l'effet proposé.

266. Les machines sont donc très-utiles, non en augmentant l'effet dont les puissances sont naturellement capables, mais en modifiant cet effet. On ne parviendra jamais par elles, il est vrai, à diminuer la dépense ou consommation du *momentum* d'activité nécessaire pour produire un effet proposé; mais elles pourront aider

à faire de cette quantité une répartition convenable à l'objet qu'on a en vue : c'est par leur secours qu'on réussira, sinon à déterminer le mouvement absolu de chaque partie du système, du moins à établir entre ces différens mouvemens particuliers les rapports qui conviendront le mieux : c'est par elles enfin qu'on donnera aux forces mouvantes les situations et directions les plus commodes, les moins fatigantes, les plus propres à employer leurs facultés de la manière la plus avantageuse.

267. La plupart des machines sont mues par des agens qui ne peuvent exercer que des forces mortes ou de pression : tels sont les animaux, les ressorts, les poids, &c. ce qui fait que la machine change ordinairement d'état par degrés insensibles : il arrive même le plus souvent, que cette machine passe bien vîte à l'uniformité de mouvement; en voici la raison :

Les agens qui font mouvoir cette machine, se trouvant d'abord un peu au-dessus des forces résistantes, font naître un petit mouvement qui s'accélère ensuite peu à peu ; mais soit que par une suite nécessaire de cette accélération, la force sollicitante diminue, soit que la résistance augmente, soit enfin qu'il survienne quelque variation dans les directions, il arrive presque toujours que le rapport des deux forces s'approche de plus en plus de celui en vertu duquel elles pourroient se faire mutuellement équilibre : alors ces deux forces se détruisent, et la machine ne se meut plus qu'en vertu du mouvement acquis, lequel, à cause de l'inertie de la matière, reste ordinairement uniforme.

268. Pour comprendre encore mieux comment cela doit arriver, il n'y a qu'à faire attention au mouvement que prend un navire qui a le vent en poupe ; c'est une espèce de machine animée par deux forces contraires qui sont l'impulsion du vent et la résistance du fluide sur lequel il vogue : si la première de ces deux forces, qu'on peut regarder comme sollicitante, est la plus grande, le mouvement du navire s'accélérera ; mais cette accélération a nécessairement des bornes, par deux raisons ; car, plus le mouvement du navire s'accélère, 1°. plus il est soustrait à l'impulsion du vent ; 2°. plus au contraire la résistance de l'eau augmente : par conséquent, ces deux forces tendent à l'égalité : lorsqu'elles y seront parvenues, elles se détruiront mutuellement ; et partant, le navire sera mu comme un corps libre, c'est-à-dire que sa vitesse sera constante. Si le vent venoit à baisser, la résistance de l'eau surpasseroit la force sollicitante ; le mouvement du navire se ralentiroit : mais par une suite nécessaire de ce ralentissement, le vent agi-

roit plus efficacement sur les voiles, et la résistance de l'eau diminueroit en même temps : ces deux forces tendroient donc encore à l'égalité, et la machine arriveroit de même à l'uniformité de mouvement.

La même chose arrive lorsque les forces mouvantes sont des hommes, des animaux ou autres agens de cette nature : dans les premiers instans, le moteur est un peu au-dessus de la résistance ; de-là naît un petit mouvement qui s'accélère peu à peu, par les coups répétés de la force mouvante ; mais l'agent lui-même est obligé de prendre un mouvement accéléré, afin de rester attaché au corps auquel il imprime le mouvement. Cette accélération qu'il se procure à lui-même, consomme une partie de son effort ; de sorte qu'il agit moins efficacement sur la machine, et que le mouvement de celle-ci s'accélérant de moins en moins, finit par devenir bientôt uniforme. Par exemple, un homme qui pourroit faire un certain effort dans le cas d'équilibre, en feroit un beaucoup moindre, si le corps auquel il est appliqué lui cède, et qu'il soit obligé de le suivre pour agir sur lui : ce n'est pas que le travail absolu de cet homme soit moindre, mais c'est que son effort est partagé en deux, dont l'un est employé à mettre la masse même de l'homme en mouvement, et l'autre transmis à la machine. Or c'est de ce dernier seul que l'effet se manifeste dans l'objet qu'on s'est proposé.

Je continuerai cependant de considérer les machines sous un point de vue plus général : ainsi je placerai plusieurs réflexions applicables au mouvement varié; je supposerai seulement que cette variation se fait par degrés insensibles, et je prouverai que cela doit être en effet, lorsqu'on veut les employer de la manière la plus avantageuse possible.

269. La quantité PH que nous avons considérée ci-dessus comme l'effet à produire, est ce que nous avons appelé une force vive latente. Car si l'on nomme M la masse du poids P, et V la vitesse due à la hauteur H, on aura

$$PH = \frac{1}{2} MV^2.$$

Il en est de même de tout autre effet produit par les forces mouvantes appliquées à une machine; on peut toujours comparer cet effet à un poids à élever à une certaine hauteur, et par conséquent à une force vive, soit réelle, soit latente. Ainsi, par exemple, fermer un ressort d'une quantité donnée, comprimer une masse d'air donnée au point de la réduire à occuper telle ou telle capacité donnée; réduire en farine une certaine quantité de blé; traîner un chariot d'une charge donnée et d'un lieu donné à un autre, sur un chemin dont l'aspérité est donnée;

faire une excavation d'une étendue donnée, en jetant les terres dans un lieu donné; faire un vide donné dans l'eau à une profondeur donnée; faire naître dans un corps ou système de corps un certain mouvement donné, &c. sont autant d'effets qu'on peut évaluer en forces vives. Or c'est par les effets de ce genre qu'on juge de ce que peuvent les forces mouvantes, telles que les hommes, les animaux, les courans d'eau, l'impulsion du vent; et voilà pourquoi plusieurs savans ont pensé, d'après Leibnitz, que la force des corps en mouvement devoit être évaluée autrement que celle des corps en repos. Ils ont pensé que la force de ceux-ci étoit simplement le produit de leur masse par leur tendance au mouvement, tandis que celle des autres devoit s'évaluer par le produit de leur masse et du carré de leurs vîtesses. Il est évident, comme nous l'avons déjà observé, que tout cela est arbitraire, et qu'on arrivera toujours aux mêmes résultats, pourvu qu'on raisonne toujours conformément aux définitions qu'on se sera faites.

270. Mais quelles que soient les dénominations qu'on aura adoptées, la considération de ce que l'on appelle forces vives sera toujours très-importante dans la théorie des machines en mouvement, puisque c'est elle qui doit servir à apprécier le travail des hommes et des animaux,

ainsi que des autres agens qu'on peut leur comparer.

Un animal est assujéti comme les corps inanimés à la loi d'inertie; c'est-à-dire, que le système général des parties qui le composent, ne peut se donner par lui-même aucun mouvement progressif dans quelque sens que ce soit; de manière que si l'on plaçoit un cheval, par exemple, sur un plan horizontal parfaitement uni, il lui seroit impossible d'imprimer le moindre mouvement à son centre de gravité dans quelque sens horizontal que ce fût; cependant il a la faculté d'avancer chacun de ses membres en particulier vers le côté qu'il veut, et c'est ce qui le distingue des corps inanimés; mais en même temps qu'il avancera un pied d'un côté, une autre partie de son corps reculera d'autant; parce que dans le système entier de cet animal, le principe de l'égalité entre l'action et la réaction a lieu comme dans la matière inerte : tellement que ce n'est que par le frottement de ses pieds contre le sol sur lequel il se trouve, qu'il peut se porter en avant, et en imprimant à la terre elle-même sur laquelle il marche une quantité de mouvement égale et contraire à celle qu'il prend, mais inappréciable pour nous.

271. Il paroît donc qu'on peut considérer, quant au physique, l'animal comme un assem-

blage de corpuscules séparés par des ressorts plus ou moins comprimés, qui par-là recèle une certaine quantité de forces vives, et que ces ressorts, en se dilatant convertissent cette force vive latente en force vive réelle. La plus ou moins grande quantité de forces vives latentes, dans un animal, est, à proprement parler, ce qu'on entend par son degré de force, lorsqu'on dit que tel ou tel animal est plus fort que tel ou tel autre, et peut produire un effet double, triple, quadruple, &c.

Mais chacun de ces ressorts étant également pressé par ses deux extrémités, à cause de l'égalité entre l'action et la réaction, ne peut produire aucun mouvement progressif, ni par conséquent déplacer le centre de gravité du système général.

Lorsqu'un pareil agent imprime à sa propre masse un mouvement quelconque, quoique la quantité de mouvement qui en résulte dans un sens quelconque soit o, la force vive ne l'est pas, et si cet agent est appliqué à une machine, sa force vive acquise se transmettra sans déperdition aux forces résistantes par l'entremise de cette machine; car ce qu'elle consommera sera absorbé en entier par ces forces résistantes, et sera précisément ce que nous appelons l'effet produit.

272. Cela suppose cependant qu'il n'arrive aucun choc ou changement brusque entre les

parties de la machine ou les masses qui lui sont appliquées, ou que le mouvement change par degrés insensibles, autrement (178) il y auroit une déperdition de force vive d'autant plus grande, que l'intensité du choc seroit plus grande elle-même; d'où suit évidemment, que pour obtenir des machines le plus grand effet possible, il est très-important qu'elles soient construites de manière à ce que le mouvement ne change jamais que par degrés insensibles. Il faut seulement en excepter celles qui par leur nature même sont sujettes à éprouver différentes percussions, comme sont la plupart des moulins. Mais dans ce cas-là même, il est évident qu'on doit éviter tout changement subit qui ne seroit pas essentiel à la constitution de la machine.

273. On peut conclure de-là, par exemple, que le moyen de faire produire le plus grand effet possible à une machine hydraulique, mue par un courant d'eau, n'est pas d'y adapter une roue dont les ailes reçoivent le choc du fluide. En effet, deux raisons empêchent qu'on ne produise ainsi le plus grand effet : la première est celle que nous venons de dire, savoir, qu'il est essentiel d'éviter toute percussion quelconque; la seconde est, qu'après le choc du fluide, il a encore une vitesse qui lui reste en pure perte, puisqu'on pourroit employer ce reste à produire encore un nouvel

effet qui s'ajouteroit au premier. Pour faire la machine hydraulique la plus parfaite, c'est-à-dire capable de produire le plus grand effet possible, le vrai nœud de la difficulté consisteroit donc, 1°. à faire en sorte que le fluide perdît absolument tout son mouvement par son action sur la machine, ou que du moins il ne lui en restât précisément que la quantité nécessaire pour s'échapper après son action ; 2°. à ce qu'il perdît tout ce mouvement par degrés insensibles, et sans qu'il y eût aucune percussion, ni de la part du fluide, ni de la part des parties solides entr'elles : peu importeroit d'ailleurs quelle fût la forme de la machine, car une machine hydraulique qui remplira ces deux conditions, produira toujours le plus grand effet possible ; mais ce problême est très-difficile à résoudre en général, pour ne pas dire impossible ; peut-être même que dans l'état physique des choses, et eu égard à la simplicité, il n'y a rien de mieux que les roues mues par le choc ; et dans ce cas, comme il est impossible de remplir à-la-fois les deux conditions désirables, que plus on voudra faire perdre au fluide de son mouvement pour approcher de la première condition, plus le choc sera fort ; que plus au contraire on voudra modérer le choc pour approcher de la seconde, moins le fluide perdra de son mouvement : on sent qu'il y a un milieu à prendre, au moyen duquel on déterminera, sinon d'une manière absolue, au moins eu égard à la nature de la machine, celle qui sera capable du plus grand effet.

274. Ceci nous conduit naturellement à cette question importante. Quelle est la meilleure manière d'employer des puissances données et dont l'effet naturel est connu, en les appliquant aux machines en mouvement? c'est-à-dire, quel est le moyen de leur faire produire le plus grand effet possible?

La solution de ce problême dépend de circonstances particulières, mais on peut faire sur cela des observations générales et applicables à tous les cas. Voici celles qui paroissent les plus essentielles.

L'effet produit est une force vive réelle ou latente toujours comparable au produit PH d'un poids P par une hauteur H; nommons q cet effet. D'un autre côté, pour produire cet effet, il faut absolument que les forces mouvantes consomment un moment d'activité Q, qui ne peut être moindre que q; ainsi premièrement, tout ce qu'on peut prétendre, c'est que Q ne soit pas plus grand que q; c'est-à-dire, qu'il n'y ait rien de perdu dans le moment d'activité que doit consommer la force mouvante, ou qu'on ait justement $Q = q$.

Mais le moment Q d'activité consommé par la

force F dans un temps T, en se mouvant avec la vîtesse V, est, en supposant pour plus de simplicité, F et V constantes, ainsi que l'angle $\hat{FV}$ qu'elles comprennent; FVT cos. $\hat{FV}$ (65); c'est donc cette quantité qui doit être un *maximum*.

275. Cette quantité dépend de ses quatre facteurs F, V, T, $\hat{FV}$; or 1°. quant à ce dernier facteur, c'est-à-dire, à la direction de la force à l'égard de sa vîtesse, il est évident que cette force et cette vîtesse doivent toutes choses égales d'ailleurs, être dirigées dans le même sens; car ce facteur ne peut jamais être plus grand que le sinus total, c'est-à-dire, plus grand que lorsque F et V se confondent. 2°. Quant à ce qui regarde l'intensité de la force, sa vîtesse et le temps pendant lequel elle s'exerce, on ne doit point déterminer ces choses d'une manière absolue, mais seulement on doit mettre entre elles les rapports que l'expérience aura fait connoître pour les plus avantageux.

276. On a reconnu, par exemple, je le suppose, qu'un homme attaché pendant huit heures par jour à une manivelle de 14 pouces de rayon peut faire continuellement un effort de 25 livres en faisant un tour en deux secondes ou à-peu-près trois pieds par seconde. Mais si l'on forçoit

cet homme à aller beaucoup plus vîte, croyant par-là avancer la besogne, on la retarderoit, parce qu'il ne seroit plus en état de faire un effort de 25 livres, on ne pourroit plus soutenir un travail de huit heures par jour. Si, au contraire, on exigeoit de lui un effort continu de plus de 25 livres, la vîtesse diminueroit dans un plus grand rapport, ou bien ce seroit encore la durée du travail qui deviendroit moindre, de manière que le moment d'activité total diminueroit. Ainsi, suivant l'expérience, pour que ce moment soit un *maximum*, il faut proportionner la machine de manière à conserver à la puissance la vîtesse d'environ 3 pieds par seconde et ne le faire travailler qu'environ huit heures par jour. On sent bien que chaque agent a, eu égard à sa nature ou constitution physique, un *maximum* analogue à celui dont on vient de parler, et que ce *maximum* ne peut en général se trouver que par expérience.

277. Daniel Bernouilli pense qu'on peut se donner à cet égard une assez grande latitude, et qu'on obtient toujours à-peu-près les mêmes résultats, soit qu'on exige de la part des moteurs dont nous venons de parler, un grand effort aux dépens de la vîtesse, ou une grande vîtesse aux dépens de l'intensité de la force; et que de quelque manière qu'on les emploie, on obtiendra toujours d'un homme un effet équivalent à un

pied cube d'eau élevé à un pied de hauteur par seconde, en supposant un travail habituel d'environ huit heures par jour; mais des expériences multipliées et faites avec grand soin, ont prouvé qu'on ne peut adopter l'hypothèse de cet illustre géomètre, qu'avec bien des modifications. Coulomb a fait sur cet objet des recherches infiniment précieuses. Voyez particulièrement dans le second volume des Mémoires de l'Institut, pour les sciences physiques et mathématiques, son mémoire intitulé : *Résultat de plusieurs expériences destinées à déterminer la quantité d'action que les hommes peuvent fournir par leur travail journalier, suivant les différentes manières dont ils emploient leurs forces.*

On trouve encore sur toute cette matière des réflexions très-importantes dans la Mécanique de Bossut (1) et dans un Mémoire d'Euler intitulé : *De Machinis in genere* (3e vol. des Commentaires de l'Académie de Pétersbourg).

Le cit. Molard, membre du Conservatoire des

(1) Cet ouvrage, comme tous ceux de ce grand Géomètre, et particulièrement son Hydrodynamique, sont singulièrement recommandables par le soin qu'il a constamment pris de diriger ses recherches vers des objets d'utilité pratique. Dans la nouvelle édition de celui dont il s'agit ici, sa Mécanique, on trouve un Traité sur la poussée des voûtes, où ce sujet important et difficile est développé avec autant de profondeur que de clarté.

Arts, a imaginé un moyen nouveau, très-ingénieux, d'appliquer la force des hommes aux machines, en les faisant agir alternativement des pieds et des mains sur une espèce de grande manivelle qui va et vient. Le grand avantage de ce nouveau moyen, est que les hommes y demeurent assis, ce qui les soulage beaucoup, et fait tourner au profit de la machine la force qu'ils seroient obligés d'employer à se soutenir debout.

278. Lorsqu'on sera ainsi parvenu à faire de Q un *maximum*, il restera une autre condition non moins importante à remplir pour que les forces dont elle résulte produisent le plus grand effet possible; c'est de faire en sorte que l'effet q, qui doit lui être égal, soit au contraire un *minimum*, c'est-à-dire, de faire en sorte que dans cette quantité q, rien ne soit superflu ou étranger à l'effet utile qu'on veut obtenir. C'est ce que Daniel Bernouilli exprime par cette maxime importante que, *dans tout ouvrage qu'on se propose, il faut commencer par examiner quel est l'effet essentiellement et nécessairement attaché à cet ouvrage, effet qui soit inévitable par la nature même de l'ouvrage, et éviter ensuite, autant qu'il est possible, tout autre effet.*

279. Ainsi, par exemple, ce principe exige qu'on évite, ainsi qu'on l'a déjà dit ci-dessus, tout choc ou changement brusque quelconque,

qui ne seroit pas essentiel à la constitution même de la machine, puisque toutes les fois qu'il y a choc, il y a déperdition de forces vives, et par conséquent une partie du mouvement d'activité inutilement absorbée.

280. Le même principe exige qu'on ne fasse naître aucun mouvement étranger à l'objet qu'on se propose. Si mon but, par exemple, est d'élever à une hauteur donnée la plus grande quantité d'eau possible, soit avec une pompe ou autrement, je dois faire en sorte que l'eau, en arrivant dans le réservoir supérieur, n'ait précisément qu'autant de vîtesse qu'il lui en faut pour s'y rendre, car toute celle qu'elle auroit au-delà, consommeroit inutilement l'effort de la puissance motrice. Il est clair en effet (45), que dans ce cas, cette puissance auroit à consommer un moment d'activité inutile, et qui seroit égal à la moitié de la force vive avec laquelle l'eau seroit arrivée dans le réservoir.

Il n'est pas moins évident que pour faire produire aux Machines le plus grand effet possible, on doit éviter ou diminuer, du moins autant que faire se peut, les forces passives, telles que le frottement, la roideur des cordes, la résistance de l'air, lesquelles sont toujours, dans quelque sens que se meuve la Machine, au nombre des forces que j'ai nommées résistantes.

281. On peut conclure de ce que nous venons de dire au sujet du frottement et autres forces passives, que le mouvement perpétuel est une chose absolument impossible, en n'employant, pour le produire, que des corps qui ne seroient sollicités par aucune force motrice, et même des corps pesans; car ces forces passives, auxquelles on ne peut se soustraire, étant toujours résistantes, il est évident que le mouvement doit se ralentir continuellement; et d'après ce que nous avons dit, on voit que si les corps ne sont sollicités par aucune force motrice, la somme des forces vives sera réduite à rien, c'est-à-dire que la machine sera réduite au repos, lorsque le moment d'activité, absorbé par le frottement depuis le commencement du mouvement, sera devenu égal à la demi-somme des forces vives initiales; et si les corps sont pesans, le mouvement finira, lorsque le moment d'activité absorbé par les frottemens, sera égal à la demi-somme des forces vives initiales, plus la moitié de la force vive qui auroit lieu, si tous les points du système avoient une vîtesse commune, égale à celle qui est due à la hauteur du point où étoit le centre de gravité dans le premier instant du mouvement, au-dessus du point le plus bas où il puisse descendre.

Il est aisé d'appliquer les mêmes raisonnemens au cas où il y a des ressorts, et en général, à tous ceux où, abstraction faite du frottement, les forces sollicitantes sont obligées, pour faire passer la machine d'une position à une autre, de consommer un moment d'activité aussi grand que celui qui est absorbé par les forces résistantes, lorsque la machine revient de cette dernière position à la première.

Le mouvement finiroit bien plus vîte encore, s'il arrivoit quelque percussion, puisque la somme des forces vives diminue toujours en pareil cas.

282. Il est donc évident qu'on doit désespérer absolument de produire ce qu'on appelle un mouvement perpétuel, s'il est vrai que toutes les forces motrices qui existent dans la nature ne soient autre chose que des attractions, et que cette force ait pour propriété générale, comme il le paroît, d'être toujours la même à distances égales, entre des corps donnés, c'est-à-dire d'être une fonction qui ne varie que dans le cas où la distance de ces corps varie elle-même.

283. Une observation générale qui résulte de tout ce qui vient d'être dit, c'est que cette espèce de quantité, à laquelle j'ai donné le nom de *moment d'activité*, joue un très-grand rôle dans la théorie des machines en mouvement : car c'est en général cette quantité qu'il faut économiser le plus qu'il est possible, pour tirer d'un agent tout l'effet dont il est capable.

284. S'agit-il d'élever un poids, de l'eau par exemple, à une hauteur donnée? vous en élèverez d'autant plus dans un temps donné, non que vous aurez exercé une plus grande quantité de force, mais que vous aurez consommé un plus grand moment d'activité.

285. Qu'il soit question de faire tourner la meule d'un moulin, soit par le choc de l'eau, soit par le vent, soit par la force des animaux, ce n'est pas à faire que le choc de l'eau, de l'air, ou l'effort de l'animal soit le plus grand que vous devez vous attacher, mais à faire consommer à ces agens le plus grand moment d'activité possible.

286. Veut-on faire un vide quelconque dans l'air? de quelque manière qu'on s'y prenne, il faudra, pour y parvenir, consommer un *moment d'activité* aussi grand que celui qui seroit nécessaire pour élever à trente-deux pieds de hauteur un volume d'eau égal au vide qu'on veut occasionner.

287. Est-ce un vide dans une masse d'eau indéfinie comme la mer? il faudra consommer pour cela le même *moment d'activité* que si la mer étoit un vide, le vide qu'on veut faire un volume d'eau de mer, et qu'il fallût élever ce volume à la hauteur du niveau de la mer.

288. Est-ce dans un vase de figure donnée qu'il faut produire un vide ? On ne peut visiblement y parvenir, sans faire monter le centre de gravité de la masse totale du fluide d'une quantité déterminée par la figure du vase ; il faudra donc consommer un *moment d'activité* égal à celui qui seroit nécessaire pour élever toute l'eau du vase d'une quantité égale à celle dont il faut que monte le centre de gravité du fluide.

289. Dans une machine en repos, où il n'y a d'autre force à vaincre que l'inertie des corps, voulez-vous y faire naître un mouvement quelconque par degrés insensibles? le *moment d'activité* que vous aurez à consommer sera égal à la demi-somme des forces vives que vous y ferez naître; et s'il est seulement question de changer le mouvement qu'elle a déjà ; le *moment d'activité* à consommer sera seulement la quantité dont cette demi-somme augmentera par le changement.

290. Enfin, supposons qu'on ait un systême quelconque de corps, que ces corps s'attirent les uns les autres, en raison d'une fonction quelconque de leurs distances ; supposons même, si l'on veut, que cette loi ne soit pas la même pour toutes les parties du systême, c'est-à-dire, que cette attraction suive quelle loi on voudra (pourvu qu'entre deux corps donnés, elle ne varie que

lorsque la distance de ces corps varie elle-même), et qu'il soit question de faire passer le systême d'une position quelconque donnée à une autre : cela posé, quelle que soit la route qu'on fera prendre à chacun des corps, pour remplir cet objet, qu'on mette tous ces corps en mouvement à la fois, ou les uns après les autres, qu'on les conduise d'une place à l'autre, par un mouvement rectiligne ou curviligne, et varié d'une manière quelconque (pourvu qu'il n'arrive aucun choc ni changement brusque); qu'on emploie enfin quelles machines on voudra, même à ressort, pourvu que dans ce cas, on remette à la fin les ressorts au même état de tension où on les a pris au premier instant; le *moment d'activité* qu'auront à consommer, pour produire cet effet, les agens extérieurs employés à mouvoir ce systême, sera toujours le même, en supposant que le systême soit en repos au premier instant du mouvement, et au dernier.

291. Et si outre cela, il s'agit de faire naître dans le systême un mouvement quelconque, ou qu'il soit déjà en mouvement au premier instant, et qu'il s'agisse de modifier ou changer ce mouvement, le *moment d'activité* qu'auront à consommer les agens extérieurs, sera égal à celui qu'il faudroit consommer, s'il s'agissoit seulement de changer la position du systême, sans lui im-

primer de mouvement (c'est-à-dire considéré comme en repos au premier instant et au dernier); plus, la moitié de la quantité dont il faudra augmenter la somme des forces vives.

292. Il importe donc fort peu, quant à la dépense ou *momentum* d'activité à consommer, que les forces employées soient grandes ou petites, qu'elles emploient telles ou telles machines, qu'elles agissent simultanément ou non ; ce moment d'activité est toujours égal au produit d'une certaine force, par une vîtesse et par un temps, ou la somme de plusieurs produits de cette nature ; et cette somme doit être toujours la même, de quelque manière qu'on s'y prenne ; les agens ne gagneront donc jamais rien d'un côté, qu'ils ne le perdent de l'autre.

293. Pour conclusion ; qu'en général on ait un systême quelconque de corps animés, de forces motrices quelconques, et que plusieurs agens extérieurs, comme des hommes ou des animaux, soient employés à mouvoir ce systême en différentes manières quelconques, soit par eux-mêmes, soit par des machines : cela posé ;

Quel que soit le changement occasionné dans le systême, le moment d'activité, consommé pendant un temps quelconque par les puissances extérieures, sera toujours égal à la moitié de la quantité dont la somme des forces vives aura augmenté pendant ce temps, dans le système des corps auxquels elles sont appliquées : moins la moitié de la quantité dont auroit augmenté cette même somme de forces vives, si chacun des corps s'étoit mu librement sur la courbe qu'il a décrite, en supposant qu'alors il eût éprouvé à chaque point de cette courbe, la même force motrice, que celle qu'il y éprouve réellement : pourvu, toujours, que le mouvement change par degrés insensibles, et que si l'on emploie des machines à ressorts, on laisse ces ressorts dans le même état de tension où on les a pris.

FIN.

ERRATA.

Page 6, ligne 12, au lieu de, et les idées; *lisez*, et regarder les idées.

Page 27, ligne 4, au lieu de, et d'un temps; *lis.* par un temps.

Page 33, ligne 16, au lieu de, ou le mouvement; *lis.* ou la quantité de mouvement.

Page 43, ligne 5 de la fin, au lieu de, opéré et; *lis.* opéré estimée dans le sens de la première.

Page 44, ligne 15, au lieu de, géométrique; *lis.* arbitraire.

Idem, ligne 17, au lieu de, géométrique; *lis.* arbitraire.

Idem, ligne 18, après, même corps; *lis.* estimée dans le sens de cette quantité de mouvement perdue.

Page 61, ligne 2, au lieu de, dès la première; *lis.* dans la première.

Page 74, ligne 9 de la fin; *effacez* fig.

Page 131, ligne 9 de la fin, après le mot mouvement; *ajoutez* perdue.

Page 151, ligne 11; *effacez* IV.

Page 154, ligne 7 de la fin, au lieu de *ſ*. M; *lis.* *ſom*. M.

Page 191, avant-dernière ligne, après gravité; *lis.* du système.

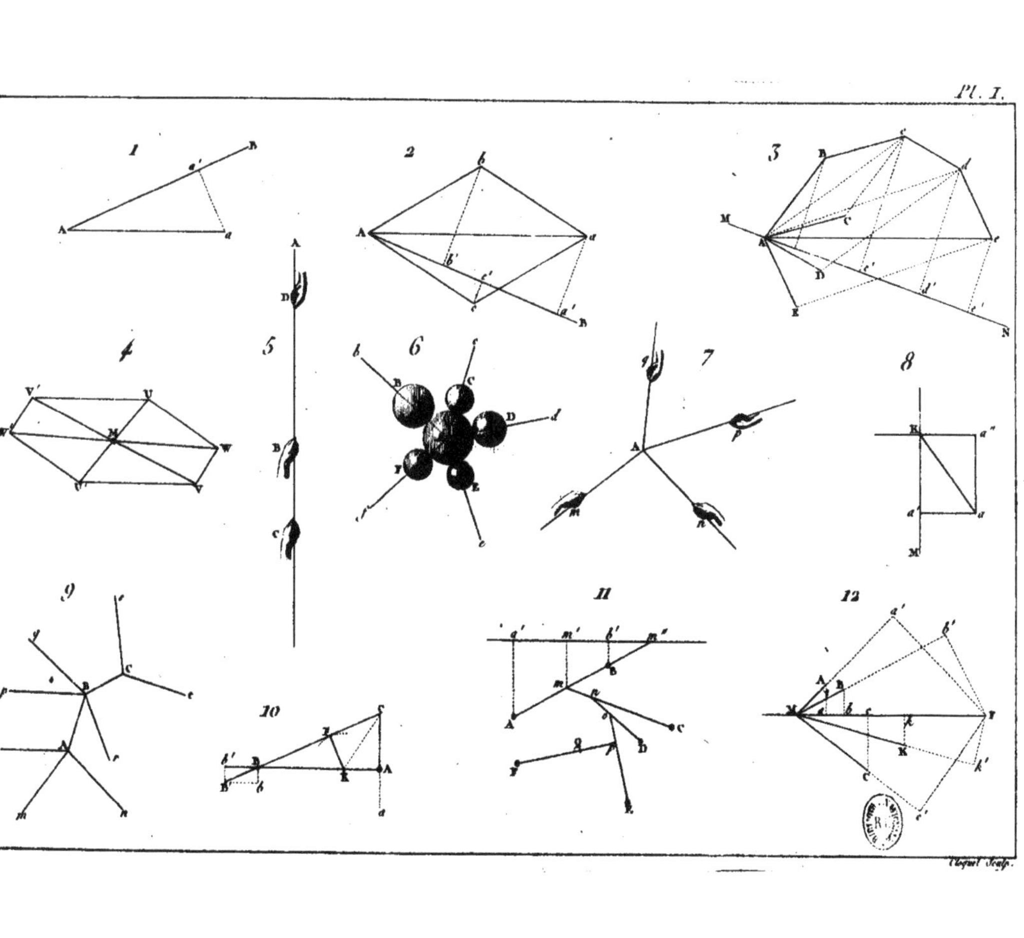
Pl. I.
1
2
3
4
5
6
7
8
9
10
11
12

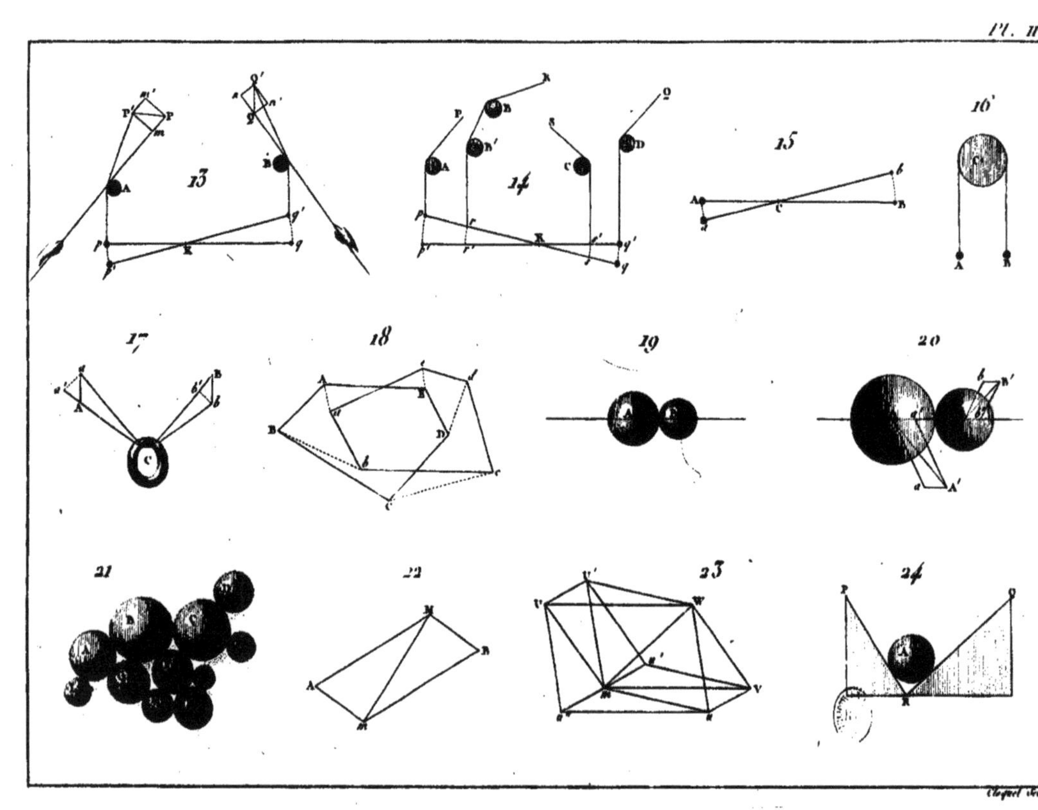
Pl. II.
13
14
15
16
17
18
19
20
21
22
23
24

www.ingramcontent.com/pod-product-compliance
Ingram Content Group UK Ltd.
Pitfield, Milton Keynes, MK11 3LW, UK
UKHW021056220726
13924UKWH00005B/2120

9 782016 170199